U0733472

北京时尚产业发展
蓝皮书 2023

吴小杰　贾荣林　主编

THE BLUE BOOK OF
BEIJING FASHION INDUSTRY
DEVELOPMENT 2023

中国纺织出版社有限公司

图书在版编目（CIP）数据

北京时尚产业发展蓝皮书.2023／吴小杰，贾荣林主编.—— 北京：中国纺织出版社有限公司，2023.11
ISBN 978-7-5229-1215-8

Ⅰ.①北…　Ⅱ.①吴…②贾…　Ⅲ.①服装工业－产业发展－研究报告－北京－2023　Ⅳ.① F426.86

中国国家版本馆 CIP 数据核字（2023）第 213415 号

责任编辑：宗　静　苗　苗　　特约编辑：余莉花
责任校对：高　涵　　　　　　　责任印制：王艳丽

中国纺织出版社有限公司出版发行
地址：北京市朝阳区百子湾东里 A407 号楼　邮政编码：100124
销售电话：010—67004422　传真：010—87155801
http://www.c-textilep.com
中国纺织出版社天猫旗舰店
官方微博 http://weibo.com/2119887771
北京华联印刷有限公司印刷　各地新华书店经销
2023 年 11 月第 1 版第 1 次印刷
开本：787×1092　1/16　印张：10.5
字数：155 千字　定价：298.00 元

现代时尚产业是以新发展理念为引领，发挥市场配置资源的决定性作用，融入时代大势、立足中国实际、美化人民生活、满足重大需求、服务全球发展的产业体系，是创新驱动的科技产业、文化引领的时尚产业、责任导向的绿色产业。面对具有国际化、规模化的潜在全球消费群体，近年来，北京从吸引、行动、参与、感受等方面全方位入手，持续完善现代时尚产业体系，国际消费中心城市建设不断取得新成效。2023年，北京发布《关于进一步推动首都高质量发展取得新突破的行动方案（2023—2025年）》，提出协调推动以高质量供给引领和创造新需求，更好发挥北京在数字消费、绿色消费、国际消费以及文旅体、康养、会展等服务消费方面的优势，持续提升消费供给质量。

北京推动时尚产业现代化、高质量、可持续发展，促进品牌升级、强化设计力量、全面数字赋能，是落实党中央、国务院一系列新要求、新任务部署的具体实践，有助于增强现代产业体系在北京"四个中心""四个服务"发展过程中的地位和作用；有助于拉动内需、提振消费，畅通国内外经济循环；有助于促进城市更新，更好地展示现代化首都风貌和文化形象。本报告在梳理2021—2022年北京市时尚产业发展基本情况及重点细分行业发展态势的基础上，从产业、文化、城市建设、科技等多个维度，研究谋划北京时尚产业现代化发展方向和路径，以期为全市时尚产业高质量发展提供实践经验和对策建议。

一、内容框架

本报告共分三篇：

第一篇为年度报告，即第一章，主要是2021—2022年北京时尚产业发展综述与未来展望。本章对2021—2022年北京时尚产业及其重点领域的发展状况做了系统回顾，并结合全市发展战略及行业发展趋势，对北京时尚产业的未来发展做了前瞻性的展望。

第二篇为专题报告，涵盖第二章至第八章，重点研究了城市现代化、经济现代化、文化现代化、产业现代化、生态现代化、科技现代化、生活方式现代化与北京时尚产业现代化发展的关系，为北京在市级、区级层面推进全时尚产业链跨界融合提供一定的经验启示和具体举措建议。

第三篇为案例研究，涵盖第九章、第十章，分别梳理了朝阳区时尚消费转型升级、建设"时尚之城"的做法、经验与启示。通过典型案例的剖析，更直观地展现朝阳区在推进美食之城、茶香之城、咖啡之城、时尚之城建设的有益探索及相关成效。

二、主要观点

推进时尚产业现代化发展对北京"四个中心"建设有积极的支撑作用。北京是我国的首都，是代表东方文明的大都市。北京推进时尚产业现代化发展，一是有助于加快传统文化与世界流行时尚的交流融合，形成风格独特又兼容并蓄的产业文化；二是有助于发挥首都凝聚荟萃、辐射带动、创新引领和服务保障功能，在全国时尚产业中形成带头示范作用，为各地产业发展民族文化弘扬提供支持和服务；三是有助于促进教育、科研、设计、产业服务等各类产业环节、资源的融合发展，形成互利共赢的共生型产业生态；四是有利于吸引和支持全国有影响力的时尚企业在北京设立总部，培育壮大与首都地位相匹配的产业总部经济；五是有利于通过科技赋能提高产业自主创新能力，在基础研究和战略性高技术领域抢占全球科技制高点，加快建设具有全球影响力的全国时尚科技创新中心。

北京时尚产业现代化发展具备较好的产业基础和比较优势。一是全力推进"首店经济"建设。自2021年全力推进国际消费中心城市建设以来，北京累计引进3177家首店，位居全国前列。2022年北京新增品牌首店812家，位列全国第二；二是品牌经济如火如荼，北京在全国率先建立了政府优化环境、市场实施孵化的品牌孵化联动体系。经过多年探索，全市基本形成了以资本孵化为主要载体引导品牌发展、以基地试点为实验场景实施品牌培育的整体格局，呈现出以现象级品牌为引领、潜力级品牌为支撑、初创级品牌蓬勃涌现的新消费品牌发展态势；三是夜间经济方兴未艾，自2018

年推出"深夜食堂",北京夜间消费需求旺盛,夜消费已成为居民常态化消费行为,初步形成了以"夜京城"地标、商圈和生活圈为代表的夜经济集聚区。大栅栏、三里屯等夜经济地标,蓝色港湾、世贸天阶、簋街等夜经济商圈,上地、五道口等夜经济生活圈应势而起,夜经济基础设施和公共服务不断完善。

北京可以从五个方面着力推进时尚产业现代化发展进程。一是品牌引进方面,基于消费者需求,增加市内免税等国际品牌业态供应,打造步行式商业街区,提高商业资源集聚度和多元性,发挥北京文创优势,联合国际品牌开展品牌文化、生活方式宣传,培育精致生活需求;二是促进老字号企业转型方面,以数字经济建设为契机,结合人工智能、物联网等技术,鼓励本土老字号企业在商业模式、商业业态和商业技术上的创新,不断扩大其全国和全球影响力。对时尚消费领域的重点龙头企业和品牌核心企业给予优先支持,建立"一事一办"定向施策制度,梯度培育本土消费品牌的主力军;三是建立完整的时尚产业链,提高对全球消费的引领力。实行内培外引,优化时尚人才引进和评价政策,制定高端时尚特殊人才的引进政策,吸引和培育在国内外具有影响力的知名设计师。加强在工作空间、资金、人才、制度等方面的引导,打造完整的时尚产业链园区;四是打造新场景新业态,与国际时尚开展摄影、服饰、电影、戏剧、美食、体育赛事等领域的人文艺术交流,进行文化旅游项目、文化旅游名城的宣传和推广,实现东西方文化互通,促进消费者流通;五是完善城市社区消费体系。国际消费中心城市的建设既要"顶天立地"又要"落地有声",借鉴国际发展经验,从系统性战略角度构建立体化、数字化、人性化、交通便利、生态宜居的示范型"未来社区",完善社区商业配套,形成面向区域一体化、商产文旅联动、特色鲜明且错位发展的城市商业体系。

本报告在编委会统一指导下编写,力求对北京时尚产业现代化发展提供多元的观察视角、深入分析论证和提供有一定战略性、前瞻性、针对性和可操作性的对策建议,并希冀能对政府职能部门、市场主体、各类机构和广大读者提供一些有用的参考。

本报告撰写过程中得到了北京服装学院、北京市朝阳区委区政府、北京市委市政府相关部门和中国纺织工业联合会的大力支持,特别是从架构设计到成文、完善、定稿全过程得到北京服装学院校领导的悉心指导,也得到了有关院系、兄弟单位、同行同仁的指导、支持与帮助,在此一并致谢!同时,由于时间仓促和资料所限,本报告定会存在诸多不足与缺陷,我们恳请各类机构和广大读者提出批评指教。

编者

2023 年 10 月

目 录

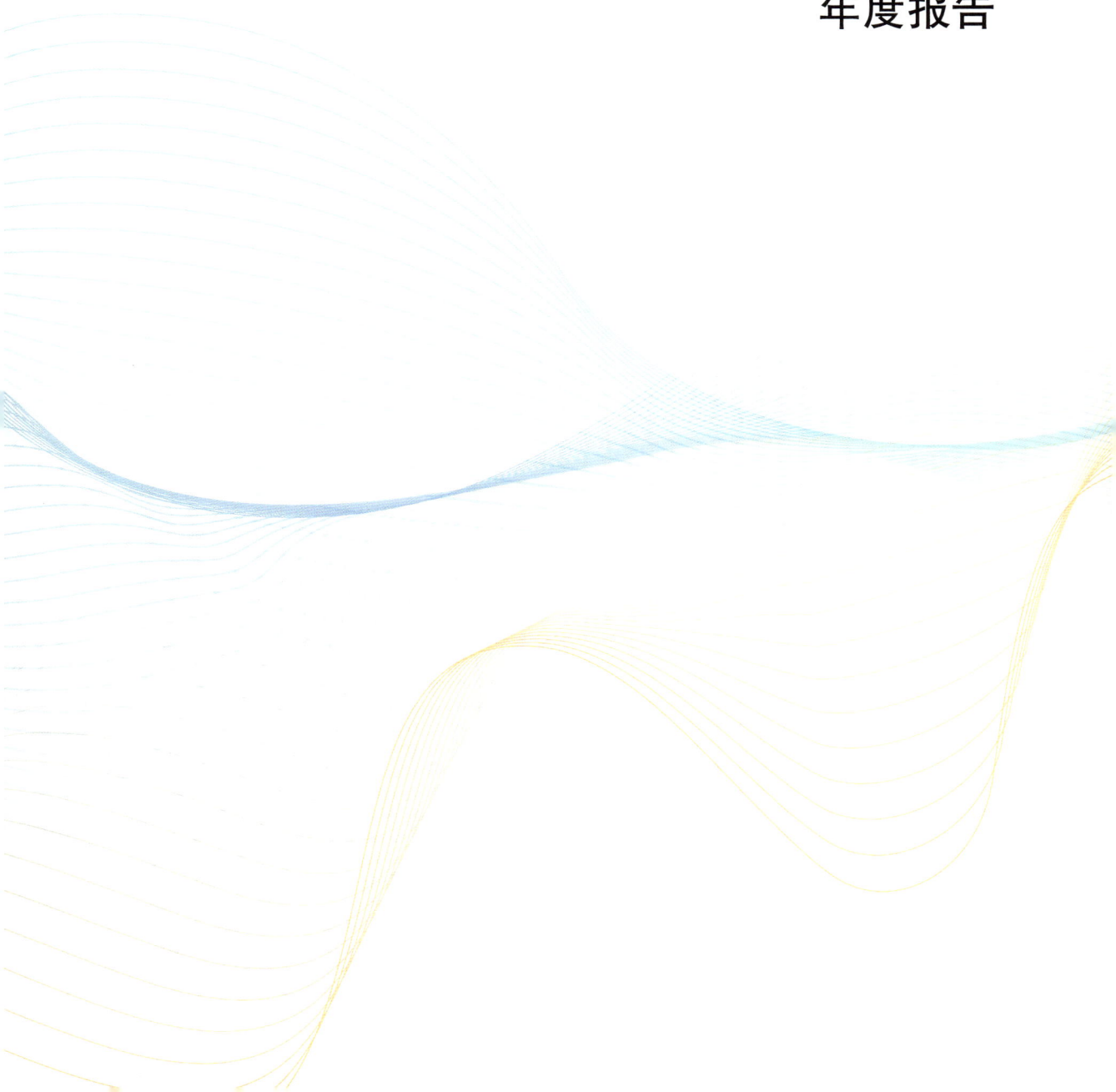

第一篇

年度报告

第一章 2022年北京时尚产业发展综述与未来展望

时尚产业作为一个城市的名片和形象，是一个城市文化创意产业最为活跃的组成部分。从纽约、伦敦、巴黎等城市作为世界时尚之都的发展历程来看，这些城市时尚产业的发展都与城市更新密不可分，同时，这些时尚之都也都逐渐成为全球的消费中心。随着北京城市功能定位的不断更新和调整，从最早2004年提出建设"时尚之都"到2021年国务院批准北京等六座城市建设成为国际消费中心城市，是北京在"十四五"期间，立足新时代，寻找新坐标，拓展新格局的重要依据。当前，北京时尚产业的高质量发展，已经成为促进北京加速城市更新和不断满足首都人民对美好生活的期待的重要推动力量。

一、北京时尚产业发展的现状

当前，世界百年变局及不稳定的国际局势叠加，给中国经济的发展带来了严峻挑战。在需求收缩、供给冲击、预期转弱三重压力下，改革发展稳定任务艰巨繁重。但在党中央坚强领导下，全国人民团结一致，努力奋斗，实现了经济发展的新成绩。面对快速发展变化的内外部环境，我国步入了全球化的时尚消费时代。时尚产业作为北京新兴产业的典型代表，发展势头良好，产业规模稳步提升，产业链、供应链布局持续优化，已经成为产业转型升级的重要方向，在赋能全国文化中心、国际科技创新中心、国际消费中心城市建设方面的作用越来越突出，成为满足人民群众对美好生活向往的重要载体。北京市时尚产业在国内的领先地位进一步强化。

（一）时尚产业规模保持平稳

北京市坚持稳中求进工作总基调，以新时代首都发展为统领，持续高效推进经济社会发展，坚持"五子"联动服务和融入新发展格局，着力稳住宏观经济大盘，切实推动社会民生改善。北京市时尚产业发展总体保持平稳有序，时尚产业研发、设计、制造、服务各环节统筹推进，逐步向高质量发展转变。

1.纺织服装产业不断优化和发展

过去三年，国内宏观经济，包括时尚产业在内的各行业、各领域发展都受到了较大影响。根据北京市统计局发布的数据，2021年北京市纺织服装、服饰业营业收入累计值为682.21亿元（图1-1），利润累计值为20.06亿元，利润率为2.94%。在工业生产方面，2021年北京市纺织服装、服饰业制造业产值为76.01亿元（图1-2）。在居民消费方面，2021年限额以上批发和零售业中，服装鞋帽针纺织品类商品零售额比上一年增长9.6%（图1-3）。

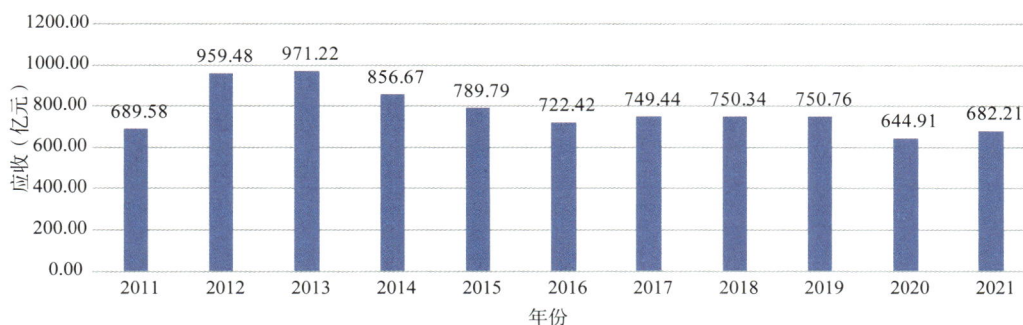

图 1-1　北京市 2011—2021 年纺织服装、服饰业营业收入情况

数据来源：历年北京统计年鉴

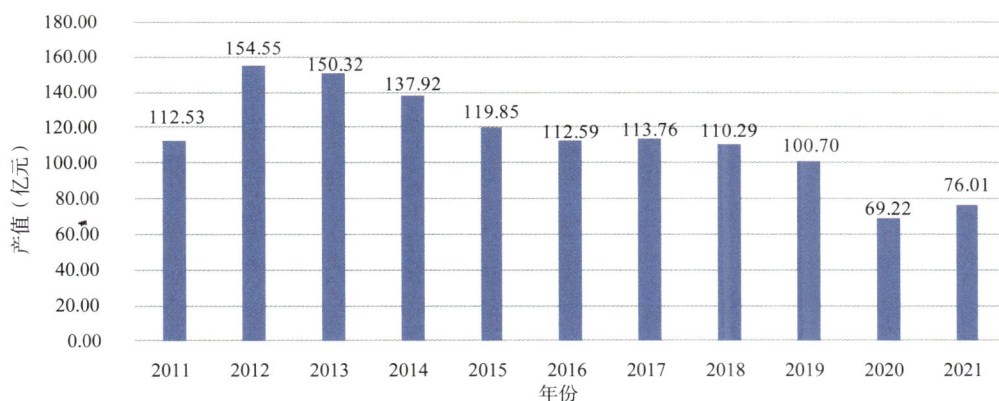

图 1-2　北京市 2011—2021 年纺织服装、鞋、帽制造业产值

数据来源：历年北京统计年鉴

（1）运动类品牌快速发展。时尚行业折射了一个国家的综合实力和一个社会的文明程度，背后反映着国家精湛的工业水平，强大的科技力量，灵活的商业环境，不断增长的国民消费能力以及社会审美能力。当中国奥运健儿在奥运会赛场上以更自信的姿态向世人展示"更快、更高、更强"的奥运精神时，中国的运动品牌也因为奥运会这个世界体育竞技舞台发展壮大起来，以2008年北京奥运会为转折点，12年一路走来发展成为"爱国精神"和"民族品牌"的象征，2022年冬季奥运会的举办更是加快了国产运动类品牌发展。全球领先的第三方企业品牌评估机构 Brand

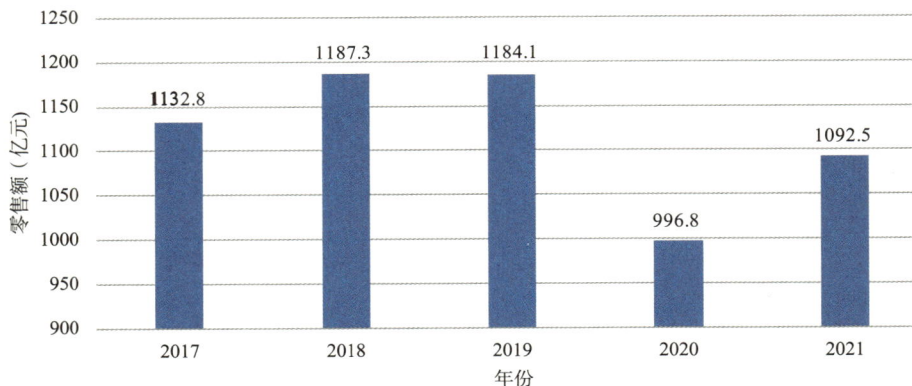

图 1-3　北京 2017—2021 年服装鞋帽针纺织品类商品零售额

数据来源：历年北京统计年鉴

Finance 曾发布 2022 年全球服装时尚品牌价值 50 强榜单，安踏等 5 个中国品牌上榜，由此可见，中国运动品牌正在快速崛起。近几年，中国运动品牌在功能提升、国潮崛起、国际化的驱动下持续成长，与国际品牌的差距逐渐缩小。随着越来越多的消费者走出户外，对于运动健身消费需求逐步增加，2023 年上半年，安踏、李宁、特步国际、361°四家主要国产运动品牌的营收均保持增长（图 1-4）。

近年来，运动品牌的快速发展，也得到了资本市场的认可。目前，北京服装行业的上市公司共有 7 家（表 1-1），以运动类品牌为主。其中，探路者主营户外用品、旅行服务和大体育三大业务；三夫户外布局户外营地，打造户外运动体验公园；李宁为体育运动领域的知名鞋服品牌；中国动向集团主营运动类鞋服产品；际华集团主营军需被装，在民用鞋服方面主攻户外运动产品，尤其是极限运动产品。朗姿为女性时尚品牌，爱慕主营内衣和居家服装，但两个品牌近年来也开始涉足运动休闲服饰领域。

表 1-1　北京市以服装为主导产业的上市公司

股票代码	公司名称	业务领域	公司市值（亿元）
002612.SZ	朗姿股份有限公司	女性时尚品牌	102.51
601718.SH	际华集团股份有限公司	军需被装，民用鞋服方面主攻户外运动产品，尤其是极限运动产品	128.67
603511.SH	爱慕股份有限公司	内衣和居家服装	70.93
300005.SZ	探路者控股集团股份有限公司	户外用品、旅行服务和大体育	67.96
002780.SZ	北京三夫户外用品股份有限公司	户外营地，打造户外运动体验公园	19.51
2331.HK	李宁体育用品有限公司	体育运动领域的知名鞋服品牌	912.07
3818.HK	中国动向（集团）有限公司	运动类鞋服产品	15.90

数据来源：东方财富，市值数据截至 2023 年 9 月 20 日

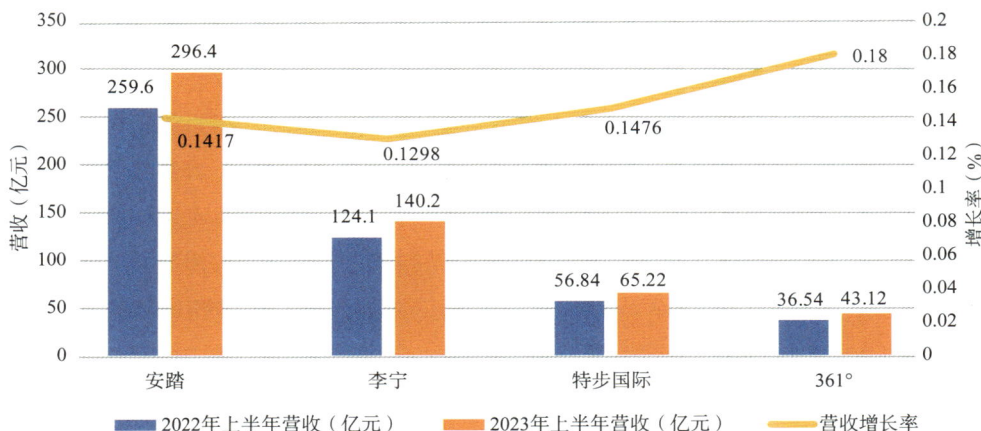

图 1-4　主要国产运动品牌增长曲线

数据来源：相关年份中报

（2）老字号品牌得到了较好的传承和发展。老字号是城市历史文化的活化石和金名片。北京市积极做好老字号传承发展工作，首先是保护，其次是传承，最后是发展。政策积极鼓励和支持。2023年9月25日，北京市商务局发布了《进一步促进北京老字号创新发展的行动方案（2023—2025年）》（以下简称《行动方案》）。《行动方案》提出，到2025年，北京老字号企业整体营收或产值规模明显扩大，总规模达到2000亿元左右；示范创建中华老字号达到130家左右，将培育10个左右北京老字号集聚区。当前，北京老字号正迎来了新的历史性机遇，在政策的鼓励下，通过数字化应用、人工智能、大数据云计算等创新理念及应用，老字号迎来了新发展的突破口。根据北京市老字号协会前后公布的八批238个北京老字号名录，目前纺织服装行业的北京老字号品牌和企业共27个，分别是同升和、盛锡福、内联升、步瀛斋、马聚源、瑞蚨祥、红都、蓝天、造寸、谦祥益、云鹿、雪花、宝石、华女、双顺、福景、龙华、百花、隆庆祥、雪莲、雷蒙、铜牛、溥利、京冠、华表、利生及天坛。这些老字号各有自己独特的文化传承，经历了时代变迁的考验，当前正在加快时尚创新、强化品牌建设、融入电子商务等发展（表1-2）。

表1-2　北京纺织服装类老字号品牌

序号	公司名称	品牌
1	北京同升和鞋业有限责任公司	同升和
2	北京盛锡福帽业有限责任公司	盛锡福
3	北京内联升鞋业有限公司	内联升
4	北京步瀛斋鞋帽有限责任公司	步瀛斋
5	北京步瀛斋鞋帽有限责任公司	马聚源

序号	公司名称	品牌
6	北京瑞蚨祥绸布店有限责任公司	瑞蚨祥
7	北京红都集团有限公司	红都
8	北京红都集团有限公司	蓝天
9	北京红都集团有限公司	造寸
10	北京谦祥益丝绸有限公司	谦祥益
11	北京地毯五厂有限责任公司	云鹿
12	北京东华服装有限责任公司建华皮货服装分公司	雪花
13	北京光华宝石鞋业有限公司	宝石
14	北京华女内衣有限责任公司	华女
15	北京红都集团有限公司	双顺
16	北京福景制衣有限公司	福景
17	—	龙华
18	北京百花集团有限公司	百花
19	北京大德和隆庆祥服饰有限公司	隆庆祥
20	北京雪莲羊绒股份有限公司	雪莲
21	雷蒙服饰有限公司	雷蒙
22	北京铜牛集团有限公司	铜牛
23	北京清河三羊毛纺织集团有限公司	溥利
24	北京京冠时尚纺织有限责任公司	京冠
25	北京红都集团有限公司	华表
26	北京利生体育商厦	利生
27	北京时尚控股集团	天坛

2.时尚城市指数持续保持全球较高水平

根据2022年12月第八届中国（深圳）国际时装节发布的全球时尚城市指数，北京位居全球时尚城市榜单中的第十二名（图1-5）。全球时尚城市指数由深圳市时装设计师协会联合中国纺织服装教育学会、深圳市欧纺服装研究院等多家机构联合研制，是业界首创的评判、研究全球区域时尚能力建设的数字化工具。该指数在全球范围内选择20个入围城市，涉及5大洲、15个国家和地区，深度搜集这些城市的年度数据，从产业素质、国际形象、时尚环境、公共服务、创新活力等多维度进行综合分析评价，基本涵盖和反映了全球范围不同区域的时尚产业发展情况。北京与深圳、上海、香港组成了中国时尚第一方阵，成为中国时尚全球引领力提升的重要表征和有力依托，标志着中国全面迈向比肩欧美"时尚第三极"。

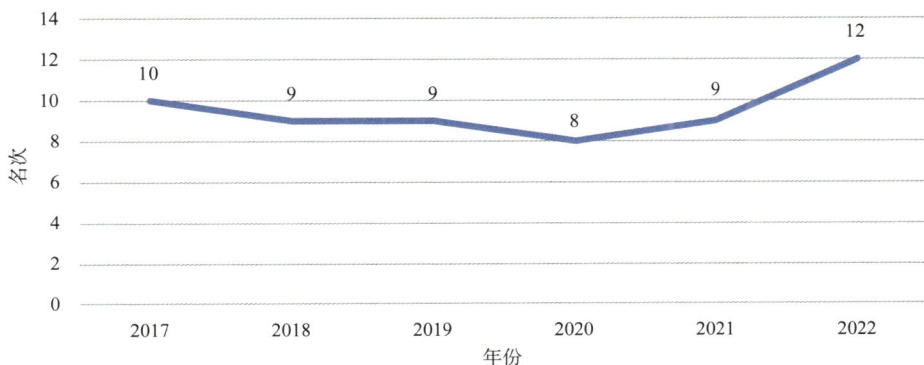

图 1-5　北京市全球时尚城市指数排名

数据来源：根据网络数据整理

　　当前，购物中心仍是最大的时尚消费流量入口。购物中心的发展也从一定程度上折射出城市时尚消费的发展水平。作为全球最具标志性的时尚奢侈品百货购物中心之一，北京 SKP 从成立之初就定位于高级奢华、时尚前卫，并且已经汇聚了 LOUIS VUITTON（路易·威登）、DIOR（迪奥）、GUCCI（古驰）、PRADA（普拉达）等众多国际名品旗舰店、精品店和概念店。近年来，SKP 公司的销售额持续增长，连续多年位居全国第一，全球前列。根据北京 SKP 公布的相关数据统计，2022 年，北京 SKP 以 239 亿元的销售额位居全国购物中心销售额榜首，日均销售额约 6600 万元（图 1-6）。

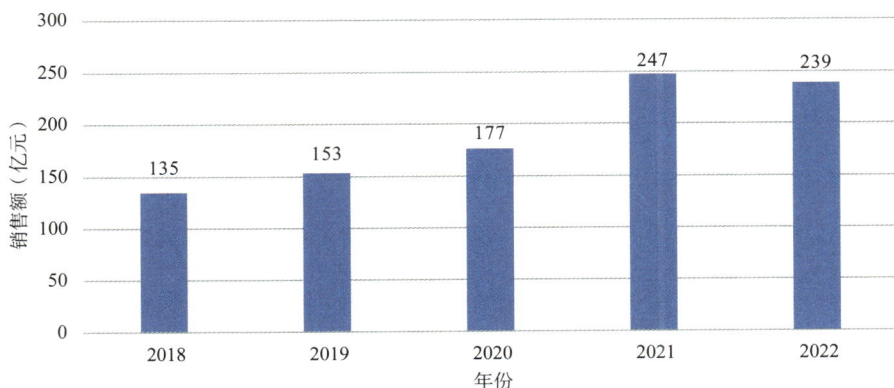

图 1-6　北京 SKP 年度销售额

数据来源：根据 SKP 公司发布数据

（二）时尚产业结构不断优化

　　北京时尚产业加快向高附加值的环节延伸拓展，数字、科技与时尚产业加快融合赋能，时尚产业结构加快调整升级，逐步向知识密集、高附加值的方向发展，产业体系现代化水平稳步提升。

1. 以产学研为核心抓手，积极培育时尚产业新基地

（1）深化政府和时尚企业与北京服装学院、中央美术学院等高校合作，组织举办朝阳时尚峰会等高端研讨会，发布《北京时尚产业发展蓝皮书》等研究成果，全力打造和争取落地一批国家级品牌项目和政产学研协同发展项目。

（2）构建时尚产业"全链条"。高校与企业进一步加强产学研深度融合，不断推动校企时尚文化资源和产学研深度融合，推进企业时尚转型和创新能力，实现资源共享、共同发展，促进企业与学校在设计师合作、时尚传播策划等方面达成更广泛合作，构建时尚产业"全链条"，形成高起点、宽领域、全方位合作大格局，助力北京国际时尚之都建设。

（3）打造教育培训新基地。北京市借助751D·PARK北京时尚设计广场等文化创意产业园区、新消费品牌孵化基地设施，利用服装设计、音乐设计、视觉设计等时尚设计资源，与高校合作开展"产学研"教育培训项目，打造"产学研"一体的培训平台，探索为时尚类企业、设计师工作室等培育更多文创人才，引领时尚行业特色人才培养。

2. 以智能制造和技术突破为核心，升级产业集群

时尚制造是一个范围很广的产业，包括服装鞋帽、箱包皮具、珠宝首饰、化妆品、消费类电子产品等领域，是时尚产业的基础性组成部分。数智技术正在重塑和颠覆时尚产业的生产方式和消费模式，为个性化的产品和服务带来更多可能性。

（1）变革生产方式。时尚供给由规模化生产能力逐步培养个性化定制生产能力，由过去的渠道建设能力逐步培养对客户小众化、社群化、区域化需求的实时感知和响应、服务能力。例如，北京时尚控股有限责任公司旗下北京铜牛集团有限公司的互联网定制，只需扫描人体三秒，人体的一百个数据可以全部传到后端，很快就能实现量体裁衣，这种技术在职业装定制领域也得到了广泛应用。这种科技感满满的"互联网＋移动智能定制车"，展示了在智能制造领域的实践成果。

（2）生产流程的自动化、数字化和智能化。随着科技的不断进步，智能制造正在成为时尚产业的重要发展方向。智能制造技术的应用，通过整合虚拟和物理系统，实现了制造流程的自动化、数字化和智能化。一是自动化流程提高生产效率。传统的服装制造流程通常需要大量的人工操作和时间，而智能制造技术的引入可以实现生产流程的自动化。例如，爱慕股份有限公司非常重视智能生产，其旗下有北京顺义区的爱慕时尚工厂和苏州吴江区的爱慕生态工厂，两大生产制造线均采用自动化生产智能技术，运用自主研发以及改进的自动化生产设备系统、生产管理系统，将各生产环节进行整合升级，推进实现产品的智能加工制造。二是数字化生产提升产品质量。智能制造技术的数字化特性使产品质量的监控和控制更加精准。通过传感器和物联网技术，可以实时监测生产过程中的温度、湿度、压力等关键参数，从而减少产品的缺陷和不合格率。此外，数字化生产还可以实现个性化定制，

根据消费者的要求进行定制化生产，提高产品的满意度和市场竞争力。三是智能化系统优化供应链管理。数字化管理已成为企业提高核心竞争力的重要"法宝"。目前，探路者2.0数字化平台项目已顺利启动。探路者数字化2.0平台由数字化自助式交易服务平台与数字化生态协同产品管理平台组成，旨在打造以业务角色（即研产供销等条线）为导向的统一工作平台，实现管理全过程标准化、数字化以及业务与协同一体化，并利用平台的数字化能力辅助业务决策，解决现有业务痛点，并为运营数据化和决策智能化打好基础。依托2.0数字化平台，探路者重构了整体业务架构，打造了快速反应的供应链模式——降低期货订货制占比，让商品跟着市场变，以更短时间、更高效率地响应市场变化，并进行精细化零售。

3.发挥北京时装周等平台作用，推动时尚产业生态的构建

2020年，《北京市推进全国文化中心建设中长期规划（2019—2035年）》（以下简称《规划》）正式发布。《规划》中明确了鼓励和扶持自主设计的服装、服饰，以及珠宝、化妆品、家居、数字电子产品等高端时尚产业发展。培育时尚设计、时尚消费、时尚休闲、时尚会展、时尚商圈等新业态，延长时尚产业链，构建时尚产业生态圈，北京时装周等平台在这一过程中发挥着重要作用。作为我国时尚产业体系发展的一大窗口，北京时装周经过七年的成长与发展，已成为首都城市更新发展中的一张靓丽名片和向世界传播东方时尚文化的重要平台。近年来，北京时装周发挥北京城市IP引领作用，廓清整体视野，充分整合区域政策、产业、文化等资源，从国家、京津冀、北京市多层次、多角度进行协同，建立起符合本地行业生态的创新体系，实现了设计与商业、潮流与科技以及跨界资源的多元融合，逐步形成在世界范围内具有影响力的时尚产业生态链和生态环境，形成国内可借鉴的时尚产业创新可持续发展示范区，对首都城市更新发展和城市名片的打造产生了深远的意义和影响。

（三）时尚产业布局数字化程度不断提升

1.加快数字消费场景布局

北京市积极加快数字消费场景布局，一是引进国家话剧院数字智能演艺中心，打造具有全球影响力的数字文化艺术地标。二是推动重点商圈5G+8K全覆盖，以三里屯、蓝色港湾、国贸、望京等商圈为试点，搭建"云逛街"平台，打造一批数字消费商圈。三是推动数字图书馆、文化馆、博物馆建设，推进智慧景区建设。四是积极发展云旅游、云展览、数字艺术、数字体育等线上消费新形态，抓紧投放一批数字零售、数字人民币等消费应用场景，提升数字消费能级，不断满足人民群众对美好生活的新期待。

2.打造数字时尚中心

产业的高质量发展势必需要高水平载体支撑。为了推进时尚产业的快速发展，

北京市创新打造了数字时尚中心。例如，上德中心是大兴区聚力发展数字产业下的首个数字时尚产业聚集地，总定位"数字时尚中心"，侧重数字时尚、数据安全、工业互联网等产业方向，围绕数字设计、数字营销、短视频、直播电商、广告传媒等方向布局，应用裸眼 3D、VR 等前沿技术，探索举办数字设计展、时装周、选秀等活动，打造首都数字时尚产业新地标。

3. 探索时尚产业数字化技术新应用

随着进入数字经济快速发展的时代，当下北京也积极探索元宇宙、区块链等数字新技术发展带来的新机遇。云盟谷（北京）科技有限公司正是一家将线上与线下结合、虚拟和现实同步的元宇宙综合空间运营商。云盟谷是由北京天坛工美文化发展有限公司（北京工美集团有限责任公司的子公司）与东文东美（北京）文化发展有限公司共同授权的运营主体，该项目集"云盟谷·数字品牌中心""云盟好品""云盟谷·星球"和"云盟数藏""3+1"四位一体的商业模式，以虚拟经济反哺实体经济，助力传统文化品牌进行数字化转型升级。其中，云盟谷·数字品牌中心坐落于王府井工美大厦，展厅面积 2700 平米。云盟谷项目以此为依托，首先在线下展示当下高新科技，为顾客提供虚拟现实视觉感受和 AI 虚拟人线下互动体验。同时借助数字化智能购物体验，将线下人流转化为线上消费，将富有文化特色和品牌魅力的产品以生动的形式展现在顾客面前。并通过在线下免费提供对裸眼 3D、VR、AR 的体验，为大众进一步感受元宇宙虚拟现实提供便利，连通线下实体和线上虚拟世界，打造线上与线下结合，虚拟和现实同步的"3+1"四位一体超级商业平台。

（四）时尚政策体系逐步完善

从国际时尚之都的建设发展经验来看，时尚产业的发展离不开政府政策的引导和支持。北京市根据时尚产业发展的需要，继续围绕规范时尚都市建设、引导时尚企业发展、助力时尚产业消费，出台了一系列相关政策措施。

1. 规范时尚都市建设

2022 年 5 月，北京市人民政府在发布的《北京市城市更新专项规划（北京市"十四五"时期城市更新规划）》中，明确了城市更新的方向、策略等，也为北京时尚都市建设提供了改造和建设的方向和依据。

2023 年 5 月，北京市朝阳区发布《朝阳区推进时尚之城建设三年行动计划》，确定了朝阳区推进时尚之城建设的三年行动计划目标和五大任务，力争到 2025 年底，时尚之城成为朝阳区活力多元包容开放的社会主义文化强区的重要品牌和北京国际消费中心城市建设的重要支撑。

2. 引导时尚企业发展

2022 年 2 月，北京市商务局会同市财政局、市公安局等 10 个部门印发了《关于进一步促进商圈发展的若干措施》，从创新商圈管理模式、营造繁荣规范的商圈消费环境、提高商圈智慧化水平、加大政策支持力度四个方面提出了14条促进商圈发展的具体举措，从供需两端发力，打造国际化、品质化、便利化商圈。

2022年3月，北京市商务局联合北京海关、北京市公安局等部门发布《促进首店首发经济高质量发展若干措施》（即"首店3.0版措施"），相比之前的措施，首店3.0版措施主要在综合施策和资金支持方面进行了优化调整，推出建立品牌首店首发服务体系、支持品牌首店落地发展、打造全球品牌首发首秀展示平台、支持商业品牌总部发展四个部分八条具体措施，着力将北京打造成国内外知名品牌集聚地和原创品牌孵化地。

2022年8月，北京市商务局印发《关于加快引导时尚类零售企业在京发展的指导意见（2022—2025年）》，进一步明确了加快引导国内外知名时尚零售企业在京高质量发展，构建符合首都功能定位的时尚产业发展格局的目标、任务和保障措施。

3.助力时尚产业消费

2022年1月，北京市商务局印发《关于鼓励企业创新开展"2022北京消费季"促消费活动的通知》，每个季度对积极参与北京消费季活动并成效显著的城市商业综合体、线下零售和餐饮企业给予资金支持。每个季度支持20家城市商业综合体，最高支持金额40万元；对限额以上线下零售企业最高支持金额50万元；对限额以上餐饮企业最高支持金额25万元。

2022年1月，北京市商务局发布《关于鼓励开展2022年网络促消费活动培育壮大网络消费市场的通知》，鼓励企业积极开展网络促消费活动，拓展线上销售渠道，提升线上销售规模，对符合条件的企业给予资金支持。

二、北京时尚产业重点领域的发展回顾

"十四五"时期是在立足首都城市战略定位、深化"四个中心"建设，实施人文北京、科技北京、绿色北京战略，加快高质量发展的关键时期。北京作为我国首都和全国四大直辖市之一，围绕建设全国政治中心、文化中心、国际交往中心和科技创新中心，以时尚产业为代表的高端产业加快建设和发展，形成了时尚消费、时尚智造、时尚文化、时尚传播、时尚体育休闲等重点领域。

（一）时尚消费领域

"时尚消费"这四个字在"十四五"规划中首次出现在国家五年发展规划中。在"十四五"规划中，时尚消费作为新型消费，与信息消费、数字消费等列入全面促进消费的举措中。时尚消费是人们日常消费的一个重要组成部分，能够满足人们

对物质、感官、精神等方面的综合需求，从而使消费者产生满足感和幸福感。北京市消费市场广阔，在全市积极推进国际消费中心城市建设的战略引领下，北京时尚消费呈现强劲的发展态势。

1.时尚消费市场潜力持续提升

截至2022年年底，北京全市常住人口规模达到2184.3万人，在全国城市常住人口数量中排名第三。根据北京市统计局相关数据，2022年北京市居民人均可支配收入达到77415元，比2021年增长3.2%，人均消费支出为42683元，比2021年下降2.2%（图1-7）。全市恩格尔系数为21.6%，人口数量众多和较高的收入水平，使北京本身就拥有庞大的时尚消费人群，时尚消费市场广阔（图1-8）。调研数据显示，北京一线奢侈品牌销售增长快，潮牌设计师及国潮品牌等受到越来越多年轻消费者的追捧。

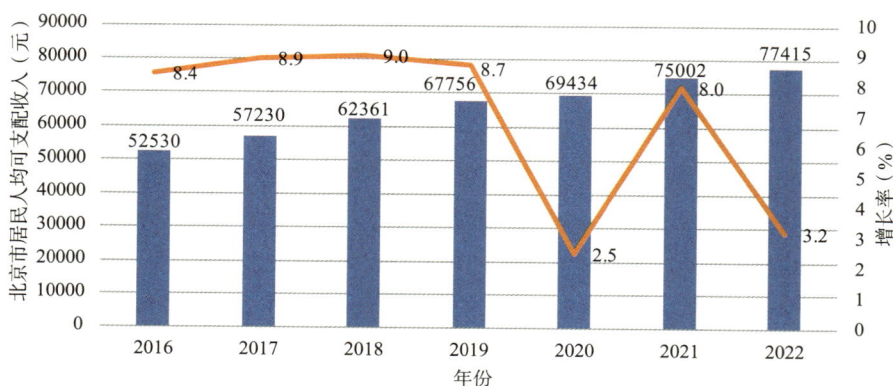

图 1-7　2016—2022 年北京市居民人均可支配收入以及增长速度

数据来源：北京市统计数据

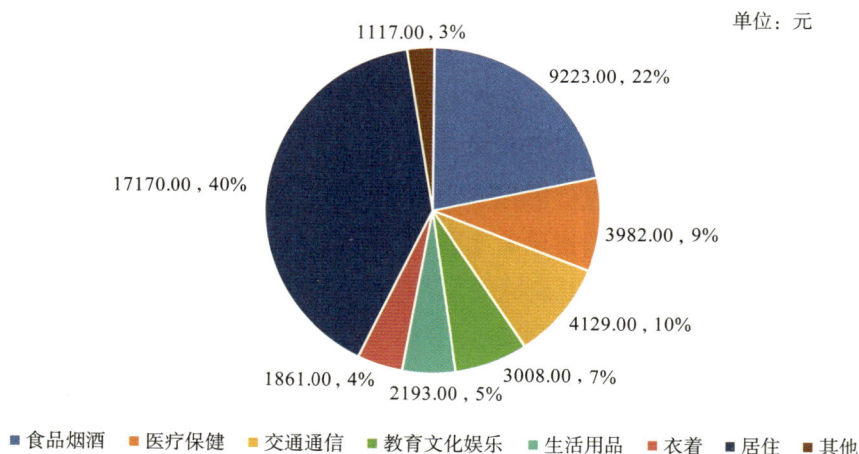

图 1-8　2022 年北京市居民人均消费支出及构成

数据来源：北京市统计数据

2.首店经济持续升温

首店是城市魅力的标志，能够增添城市的活力，推动商业模式创新、消费升级，引领社会消费潮流。走过了萌芽、成长两个发展阶段，2022年中国"首店经济"正迈向创新引领的新时代，全国各地的商场商圈持续迎来各色首店。2022年9月6日，北京市商务局发布《2019—2022北京市首店经济综述和展望报告》，在北京加紧构建国际消费中心城市的背景下，品牌首店多点开花，接踵而至。自2019年以来，北京新增首店2774家，2022年共有812家品牌首店落地，首店数量继续稳步上升，稳居国内第一阵营（图1-9）。

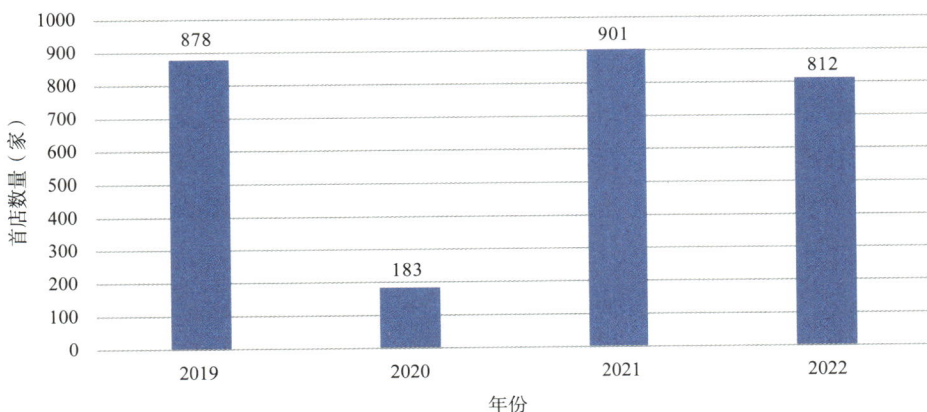

图 1-9　近四年北京新增首店数量

数据来源：北京市商务局公布数据

3.线上线下场景打通

百货企业数字化程度越来越高，"数字化""线上化"成为多家百货上市企业业绩报告中出现的高频词汇，线上线下深度融合趋势明显。2022年5月，北京市百货大楼、北京朝阳合生汇、北京荟聚等推出优惠促销政策、举办在线音乐会，打通线上线下渠道，玩出了新花样。6月，旗下拥有7家来福士的凯德购物中心借助线上平台凯德星商城及社群，开展多场直播，上架特卖商品，推出线上优惠，为租户创造了全天候的销售机会。11月，国贸中心App上线，这是首个整合国贸中心各个业态的线上平台，商城、酒店、公寓、写字楼等都包含在内。

4.发力社群营销

中国百货商业协会相关调查报告显示，百货企业自建的会员体系和微信聊天群被认为是最适合搭建私域流量的阵地，其次是社群、公众号及企业微信，除此以外，抖音、微博、小红书等也是企业建立私域流量的重要补充方式。北京多家商场在2022年着重发力社群营销。5月，北京朝阳合生汇在两天时间里以周边3—5公里为半径建了 15 个微信群，而后又拓展了 4 个微信群，覆盖周边社区大量消费人群。在微信群中不仅能卖货，还能通过及时互动维持商场和消费者之间的黏性。东方新天地、颐堤港、银泰百货大红门店等多家北京商场也先后建立了社群。

5. 虚实结合的"沉浸式"

简单来说，沉浸式体验就是利用人的感官体验和认知体验，营造特殊的氛围，让参与者享受某种状态。实体商业的沉浸度，从某些层面而言成为商业中心线上线下流量争夺战的关键竞争力。业内人士认为，"沉浸式+实体商业"的模式因为场景更为多元、业态更为复合，使实体商业拥有更多"场景+流量"优势，不仅给消费者带来丰富多彩的生活及新奇有趣的体验，同时还可以通过场景化的打造让顾客停留的时间更长、收获更多客流和消费。这种虚实结合的"沉浸式"体验越来越受欢迎。2022 年，各大商场正尝试以一种互联网无法满足的"体验感"来吸引消费者。2 月，号称全国首家大型沉浸式主题商业的 BOM 嘻番里商场在北京海淀开业，整个商场以剧本杀主题串联，总共有 4 层，覆盖了潮玩手办、咖啡轻食、撸猫馆、潮流服饰、电竞及网红餐饮等。3 月 26 日，大型"国风"沉浸式主题商业空间"戏精桃花源"在北京富力广场开业，同时涵盖文创周边、餐饮、零售、沉浸式游戏等业态。

6. "圈粉"年轻客群

"Z 世代"通常是指 1995—2009 年出生的一代人，他们一出生就与网络信息时代无缝对接，受数字信息技术、即时通信设备、智能手机产品等影响比较大。随着时间的推移，"Z 世代"这一年轻客群已经成为消费的主力。因此，无论是 BOM 嘻番里、戏精桃花源、充满"文艺范儿"的首钢园六工汇，还是遍布各大商场的城市市集，抑或是商场组织举办的飞盘、滑板体验活动，都是在试图"圈粉"年轻群体。2022 年以来，每逢周末或节假日，北京各大商圈、商场均会推出丰富的市集活动，涵盖亲子、文创、美食等多种主题。2022 年国庆期间，朝阳合生汇、华熙LIVE·五棵松、银泰百货大红门店等联手品牌推出了滑板、飞盘、篮球比赛等多样运动，把商场变成了年轻人的"赛场"。此外，举办艺术展览也是商场吸引年轻客群的重要方式之一。华熙 LIVE·五棵松的北京时代美术馆推出"声·生当代艺术展""'成为了光'王剑书自由绘画展""稀土潮流艺术展"等多场艺术展，U2 美术馆于 2022 年正式亮相朝阳大悦城，首届"LOVE LOVE LOVE 爱的艺术流动影像双年展""好奇女孩爱丽丝展"一时间成为热门话题。

（二）时尚智造领域

传统的时尚制造是一个范围很广的行业，包括服装鞋帽、箱包皮具、珠宝首饰、化妆品、消费类电子产品等诸多领域，是时尚产业的基础性组成部分。以服装服饰等为代表的时尚制造是北京时尚产业的重要传统优势板块。随着全球科技和产业革命的深入推进，时尚产业与大数据、云计算、机器人等新一代信息技术的融合进一步深化，加快向时尚智造领域延伸拓展。

1.大数据技术成为助推时尚产业发展的新动能

大数据是数据的集合，以容量大、类型多、速度快、精度准、价值高为主要特征，是推动经济转型发展的新动力。在加快构建"双循环"新格局下，大数据技术与时尚产业正在逐步融合，大数据技术的加速跃迁，时尚产业的不断创新发展，加之政策红利的逐步释放，使大数据技术成为助推时尚产业发展的新动能。

（1）借助大数据技术提升时尚设计与产品开发能力。基于北京时尚产业规模大、数据资源丰富、应用场景广阔的优势，大数据技术在时尚产品设计开发领域的创新融合应用快速增长。通过大数据搜索、挖掘、关联、理解、生成等技术，研究预测产品开发所需的色彩、材料、图案、廓型、细节等，获取未来流行趋势；扩展产品设计开发的灵感来源，帮助设计开发人员提高工作效率，提高产品创新力与消费引领力；为原创设计产品提供便捷、可行、高效的知识产权授权平台，为原创设计提供更加良性的土壤。

案例1　探路者，诞生于1999年，被誉为"中国户外第一品牌"。为了更好地适应消费需求多元化、购物场景碎片化，积极建设数据化、可视化的数据平台，以业务角色为导向，实现研、产、供、销高效协同机制，通过智能化工作平台辅助驱动业务开展，实现管理流程标准化和数字化，业务协同一体化；利用中台数字化能力提供辅助业务开展的智能辅助决策模型。从而获得数据洞察和市场反馈，更好地推进产品研发和生产，更好地满足客户需求，增加客户忠诚度。

（2）依托大数据技术进行精准化品牌营销。通过构建消费者画像，进行精准化营销，进而降低风险与成本损耗，推进精准化品牌运营。通过升级营销模式，发展新业态、新模式，营造消费新场景，实现时尚产业运营的降本、提质、增效，以及老字号品牌个性。例如，构建消费者画像，搭建数据基础平台；发现反馈爆款商品，助力产品创新优化等。

案例2　朗姿股份是A股一家女性服装上市公司。朗姿股份在数字化转型和智慧零售方面，已经有了很长时间的探索和实践。女装产业属于劳动密集型产业，从服装设计、加工到零售等各个环节，都需要大量的人员投入。为了有效提升企业整体效率，更加准确地了解消费者，打通线上和线下的无边界新零售模式，让顾客有满意的购物体验，朗姿股份在女装信息化建设方面始终走在行业前列。目前，朗姿股份通过社群、朋友群、微商城、直播等多种线上运营方式，加快推进数字营销战略，强化品牌的内容营销和会员运营；打造"智慧零售"模式，通过大数据分析对客户进行精准画像，通过线上、线下开展贴合顾客需求的活动，明确地传达公司品牌的态度和主张，实现了老会员的精准维护和新会员的引流到店。

据了解，目前朗姿股份女装业务拥有7个线上渠道，17个线上店铺，积累了近25万线上VIP客户。2021年，朗姿股份女装收入增长迅猛，在收入结构上，线上业务收入占总业务收入比例也大幅提升。

（3）利用大数据技术打造快速柔性供应链体系。应用数据预测分析优化供应链，打造以顾客为中心、通过精确预测需求来拉动生产和服务的拉式供应链，以及能够灵活配置资源、快速准确响应需求的敏捷供应链；通过建设数据中台，实现高效协同的数字化供应链；打通OMS、WMS、DRP、POS、ERP等信息管理系统，完成从分散到集中的转型，实现供应链端到端的数据采集和整合，实现供应链协同化运营。

案例3　爱慕定位于专业从事高品质的贴身服饰和用品品牌供应商，24年来，已从单一的生产型企业发展成为由几十家分子公司、合资公司组成的集团企业，并拥有十余个品牌和产品线。随着消费升级时代的到来，及其推动的供给升级与制造升级趋势，爱慕作为一个为消费者提供高品质高价值产品、服务及消费方式的品牌供应商，从产品升级、渠道优化、体验提升等方面不断创新与努力，以时尚的力量、品牌的力量来推动和迎接消费升级。

爱慕与秒优合作，联合推进柔性供应链体系。秒优通过GST的工艺管理、流程排布、工资管理、数据对接、可视化分析、云工艺等特色功能，进行快速分析报价、智能排程排产、自动核算计件工资、用线量分析……将整套标准生产工艺体系贯穿研发、生产、销售全流程，帮助爱慕企业做好成本控制、效率提升、技术改善、品质保证以及合理报价等各环节工作。

秒优依托自身科技领先优势，充分发挥沉淀十余年的GST工艺工时大数据平台经验，通过GST软件产品和专业团队，从多个维度，帮助爱慕企业建立了业内首个女士内衣标准工时数据库，协助企业可视化管理，有效减少用户的专业技能和知识储备，在降低用工要求的同时，也切实提高了生产效率，优化了生产计划。

2.人工智能助力时尚产业发展

人工智能是研究、开发用于模拟、延伸和扩展人的智能的理论、方法、技术及应用系统的一门新的技术科学，是在大数据、算法、自主学习、深度学习、传感器等软硬件基础上形成的。随着人类对人工智能的感知不断增强，整个人工智能行业已经成功从实验室阶段转向产业化生产阶段，时尚产业中出现了人工智能的应用。在时尚产业中，人工智能技术的应用主要包括提供更生动的展示，以及带来设计、生产、销售等岗位的创新，彻底改变行业生态（图1-10）。在时尚产业中，最容易实现人工智能化的环节是产品设计。人工智能通过对同一图案的自动变形，按照色彩协调规则，模拟协调性的规律，可以进行自动调色。同时，计算机视觉算法能够从原有时装表演视频中估算骨骼运动数据，并将这些数据转换为3D姿态模拟。

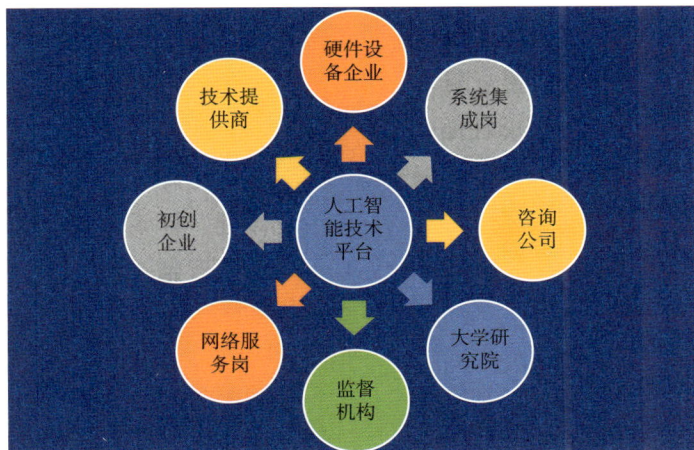

图 1-10　平台模式为主导的人工智能

图片来源：德勤咨询《制造业＋人工智能创新应用发展报告（2021）》

案例4　李宁云科技是中国知名体育品牌李宁公司旗下的科技子公司，致力于为中国体育行业提供云计算和人工智能解决方案，驱动体育产业的数字化升级和创新发展。该公司积极采用人工智能技术，助力体育产业升级。李宁云科技结合AI技术，打造了以跑步为主题的智能硬件"智跑系列"，通过智能芯片、人体工学和睡眠监测等先进技术，为用户提供个性化个人健康管理方案。同时，基于大数据和机器学习等AI技术，李宁云科技还可以为客户提供更加精准的产品推荐和服务，为体育产业带来更多创新机遇。

3.绿色成为时尚产业的最新趋势

（1）品牌的绿色环保意识更加强烈。越来越多的时尚品牌重视"绿色、生态、健康、环保"的经营理念，致力于健康环保纺织品的研发、设计、生产、销售，为消费者提供绿色无污染、安全天然的服装服饰。雪莲品牌将天然羊绒"黑科技"不断升级，拓宽羊绒针织服饰的新思路；ArtFusion Ace通过可持续材料来表达环保主张；PURE TOUCH在设计中更多采用丝、棉、麻等天然材料……这些品牌通过行动将自身发展纳入绿色生态、可持续发展的方向中。同时，绿色也成为2022北京时装周的重要主题。时装周已坚持倡导可持续时尚理念多年，在中国可持续时尚道路上走在前端。参与2022时装周的品牌已在环境友好的时尚理念上达成共识，并且更加务实，拒绝华而不实的"假环保"噱头，脚踏实地地将可持续、自然友好的观念贯穿在原材料、设计、生产、销售等各个环节，普遍使用天然材质面料、库存面料、回收面料、环保再生面料、科技创新面料等，推行虚拟试衣、打样，设计生产过程通过科学排版、尽用面料；销售环节避免过度生产、践行"慢时尚"、使用可降解材质，避免过度包装等，以更加熨帖、人性化、潜移默化的方式，带动行业品牌更加健康、有效地实现"双碳"目标。

（2）消费者逐渐树立环保意识。罗兰·贝格最新的中国市场消费者调研表明，"可持续话题"的关注已成为中国市场主流意识[1]。当前节约资源、保护环境也成为一种潮流风尚，更多的消费者愿意购买具有绿色、生态、低碳特征的时尚产品或者服务。

（3）政府积极采取扶持政策。北京市政府积极鼓励消费者树立"可持续时尚"理念，培养"可持续消费"意识、素养和健康的消费方式，引导消费者对时尚产业，尤其是奢侈品产业进行反思，鼓励民众投身环保事业、铸牢人类命运共同体意识，提升对生物多样性等理念的认知，赋予时尚产业新的可持续性意义。一是政策支持。2023年8月中共北京市委办公厅、北京市人民政府办公厅印发《关于进一步推动首都高质量发展取得新突破的行动方案（2023—2025年）》，不断释放消费和投资潜能，着力推动消费"上台阶、提质量"，更好发挥北京在数字消费、服务消费、绿色消费、国际消费等方面的优势，在国际消费中心城市建设中走在前列。二是消费激励。2022年12月，北京市民登录"北京健身汇"微信小程序，进入"北京市民快乐冰雪季"板块，使用5积分即可兑换一张冰雪消费券。2023年8月北京市向市民发放北京京彩绿色消费券，用于居民购买符合特定能效标准以上的产品。

（三）时尚传播领域

时尚传播作为时尚的展示窗口，是时尚产业发展的重要媒介，是建立和维护消费群体的时尚兴趣度、时尚认可度、时尚忠诚度，引领时尚产业发展潮流和大众消费方向的重要手段，也是塑造和提升城市文化品牌的重要举措。

1.传播渠道和方式进一步多样化

为了进一步丰富时尚与消费者之间的对接渠道，时尚传播渠道进一步多样化。

（1）时尚与电影相结合。2023年4月，由北京时尚控股有限责任公司和北京服装学院共同主办、北京时装周有限责任公司承办的"Hi Fashion 移动驿站"，以

---

❶ 罗兰·贝格. 中国时尚产业的可持续之路。

"电影+时尚"为主题,在郎园Station电影节北京市场活动中落地2023年度首站Hi Fashion移动驿站专场活动,成为一大吸睛亮点。这次活动设置了服装服饰、潮玩文创、网红美食、创意集市4个主题展售区,集合20余个品牌,并同期落地北京服装学院2023创意集市。

（2）时尚与城市新场景相结合。2022年10月,"2022北京朝阳亮马河国际风情水岸时尚秀典"在亮马河畔成功举办。依托亮马河国际风情水岸自然环境、人文艺术环境、国际商务消费环境和现代科技结合等特质,采用"音、舞、秀"等多种形式,让市民零距离享受到多元视听盛宴。绚丽缤纷夜景下,古典与现代交织的时尚秀典精彩上演,为市民群众奉上一场"时尚文化大餐"。

2.持续深耕数字时尚传播创新模式

北京市结合当前国内外传媒行业发展的新趋势和时尚产业发展的新要求,持续深耕数字时尚创新模式,加快构建新时代全媒体传播新格局。

（1）打造数字时尚会场。2022年北京时装周,数字时尚会场首次亮相。2022北京时装周以"潮向未来"为主题,在王府井、隆福文化中心、张家湾设计小镇等北京时尚文化地标举办线上线下多场活动,以"翻转未来,破壁降临"概念将艺术、时尚与科技相结合,为虚拟时装发布、数字艺术作品展示打破时空阻隔,引领观众足不出户也可沉浸式看秀观展。2022北京时装周"云潮计划"涵盖云发布、云播间、云逛展、云交互、云共创。其中,"云交互"板块全新的交互体验式数字时尚空间、打破常规的虚拟秀场、虚拟人物、潮流前沿的虚拟时装……带来沉浸式玩转云上潮流体验,不仅全程在官方小程序、视频号、哔哩哔哩等平台推进云上时装周,更加大了线上线下交互互动,全面拓展了参与群体维度。

（2）夯实数字时尚传播基础。为了更好地支持数字时尚,北京市积极倡导数字消费创新引领行动,整合"新基建、新场景、新供给、新生态"关键要素,全力打造数字消费标杆城市,其中包括:布局数字消费新基建,实现市级重点商圈、市内重点景区等区域5G网络全覆盖,以及推广数字消费新场景,试点建设智慧商店、智慧街区、智慧商圈。同时,北京时尚产业不断加速时尚营销渠道的新零售布局。以互联网和物联网为依托,通过大数据、人工智能等数字技术,重构人、货、场,实现"全客群、全渠道、全品类、全时段、全体验、全数据、全链路"的营销新场景,提升服务功能和购物体验。

（四）时尚文化领域

文化是一个城市的灵魂和内涵,时尚则是文化积淀的外化和展示。时尚文化是一个多层次的概念,它既是个人风格的表达,又是社会象征的体现,还包含着文化传承和创新以及可持续发展的责任。时尚产业只有注入文化的灵魂,才能形成厚度。拓展深度、形成不可复制性，才能在世界时尚市场中形成持久的竞争力和生命力。北京是一座拥有三千年文化的历史古都，拥有得天独厚、博大精深、高度富集的文化资源。根据中国人民大学文化产业研究院发布的中国省市文化产业发展综合指数，北京已经连续多年保持全国第一。

1. 塑造北京特色文化城市品牌

纵观世界各大中心城市，都有着自己独特的城市文化和精神，纽约提出了"高度的融合力、卓越的创造力、强大的竞争力、非凡的应变力"的城市精神；伦敦确立了"世界卓越的创意和文化中心"的发展目标；东京制定了"充满创造性的文化都市"发展战略。为了彰显北京的特色，更好地提升在世界各国的影响力，北京市高度重视特色文化城市品牌建设，将其放在突出的战略位置，作为打造国际消费中心的重要抓手。

（1）寻找品牌来源。北京厚重的古都文化、有烟火气的京味文化和纯洁理想信仰的红色文化是形成独特的首都城市品牌的重要来源。

（2）积极宣传城市品牌。在内容足够有吸引力的基础上，加强大国首都城市品牌传播就成为现实的需要。为此，需要构建一流的国际传播能力和体系。国际传播的对象是国际受众，在讲述故事时必须使用国际化表达，用国际通识、接受度高的方式方法讲述植根于大国首都、面向于全球的北京故事。国际传播的媒介是多维的，除了传统的新闻、报纸、网络等显性方式外，还可以通过音乐、艺术、歌曲、电影、时尚、博物馆等隐性方式塑造大国首都形象。因此，北京积极通过北京国际电影节、北京国际音乐节、北京国际设计周、北京时装周等首都品牌活动，展示"双奥之城"的独特魅力，打造既具有民族范儿又有国际范儿的城市形象，提升城市软实力。

2. 丰富带有北京历史文化特色的时尚产业建设

随着经济社会的发展，消费者在购买服装、化妆品、箱包、手机、美食、健身、旅游等时尚产品和服务时，除了考虑产品和服务的外观、功能外，品牌知名度和影响力也是重要的选择依据。为了更好地满足消费者的时尚消费需求，北京市积极推进带有历史文化特色的时尚产业建设。

（1）建设"非遗"时尚文化孵化平台。2022年，"北京'非遗'时尚文化孵化平台"确定入选为国家文化产业发展项目库第二批入库项目。平台依托北京得天独厚的历史文化底蕴和首都核心功能优势，聚合全国"非遗"资源，聚焦中国时尚宝藏，以打造一个"非遗"时尚发布中心，聚合一系列非遗时尚交流活动，培育一站式"非遗"时尚文化服务为目标，引领"非遗"时尚文化设计创新，助推品牌孵化、传承推广及商业转化，助推中国"非遗"时尚化、年轻化、科技化、国际化。实现"时尚+文化"理念再一次升华，为我国"非遗"蕴蓄蓬勃之势迈出了意义非凡的一步。

（2）积极宣传"非遗"时尚文化。以时尚为载体，活化城市文化，焕新品牌价值，在新时代讲好中国"非遗"时尚化品牌故事，向世界传递中国传统文化自信，是北京时装周一直践行的初心使命，已成为标识性的内在基因。自创办以来，北京时装周在助力中国"非遗"时尚在传承中创新、在创新中发展方面，做出了诸多有益的探索：创办同年即配套打造"时尚北京展"，深度聚焦国潮；2020年，联合中国纺织工业联合会"非遗"办公室，共同发起创办北京时装周"非遗"时尚板块；2021年，横跨"五一"假期于王府井步行街举办"时尚北京2021×国潮京品节"；2021年和2022年，持续推广展示重点"非遗"时尚项目，"'非遗'时尚"主题板块系列活动落地王府井会场及隆福文化中心会场。北京时装周始终秉持以"时尚+文化"为理念，以时尚之力推动"非遗"更好地走向世界，通过对"非遗"的聚焦、赋能，也将推动消费结构的升级，激发消费新潜能，打造消费新增长点。北京时装周也将深入挖掘首都经济潜能，孵化知名品牌，引领潮流风向，助力北京国际消费中心城市建设。

（五）时尚休闲领域

随着市民生活水平的提高，休闲生活逐渐成为市民日常生活中重要的组成部分。居民休闲生活需求的不断加大和休闲消费的不断增长，使本市休闲产业迅速健康发展，引领了百姓休闲生活新时尚。

1.培育全球大型赛事活动

一是通过提高组织运营和市场推广能力，大力提升中国网球公开赛、北京马拉松等品牌体育赛事国际影响力，打造"中网""北马"城市名片。二是高质量完成工人体育场及配套设施等体育设施建设，积极引进和培育篮球、足球、排球、乒乓球、羽毛球、山地户外等国际体育赛事（表1-3）。

表1-3　2022年北京大型赛事活动

时间	项目名称	项目简介
2月4日至2月20日	北京冬季奥运会	2022年北京冬季奥运会共设7个大项、15个分项和109个小项，共有2892人参赛
11月6日	2022北京马拉松	自1981年创办以来，历经40余年发展，以深厚的文化底蕴和卓越的创造力，一步步成长为具有一定国际影响力的体育赛事

2.打造冰雪项目消费目的地

2022年冬季奥运会结束以来，北京市大力宣传推广冰雪运动，持续推动"冰雪进校园"，实施冰雪人才培养计划，让冰雪运动逐渐融入朝阳群众生活，使原本

"冷门"的冰雪项目逐渐成为区域运动"热门"。同时，大力普及群众性冰雪运动，持续推进冰雪运动进校园、进社区，冰雪运动已经成为很多中小学的特色活动。青少年是冰雪运动发展的基础和未来。为激活冰雪基因，朝阳区教育委员会牵头编写《朝阳区中小学奥林匹克教育读本——冰雪课程手册》，推动冰雪运动普及，使全区接受冰雪教育、冬季奥运会教育的学生达到100%。

3. 丰富体育消费供给

优化体育场馆设施布局，北京市形成了奥体、工体等场地场馆群。完善"15分钟健身圈"体育设施配置标准，合理利用腾退空间、公园、废弃工矿用地等建设全民健身体育设施。理顺足球管理体制，补齐场地短板，促进青少年校园足球、社会足球、职业足球体系化发展。依托本市体育资源优势，积极建设北京国际体育产业园项目，吸引体育企业总部、国家级体育运动协会、国际知名体育机构北京办事处等落户，吸引和培育一批国际化体育龙头企业。激活体育消费市场化机制，积极培育体育俱乐部、体育协会和中介组织，承办多形式、多层次的体育赛事、日常性体育活动、青少年体育培训，大力发展体育赛事IP，让体育融入市民日常生活。

三、北京时尚产业的发展形势与展望

（一）时尚产业的商业模式将持续创新改变

时尚产业在过去数年间，逐渐走进了以科技手段为主导的数字时代，广大消费者的时尚消费观念也在不断调整。在数字技术对消费行为带来长期改变的情况下，为了适应不断发展变化的市场，时尚产业持续创新改革商业模式。

1. 循环经济催生二手商业模式

随着"商品的价值"和"可持续性"成为消费者购物的重要导向性因素，促使了时尚产业加快对生态环保产品以及可持续发展领域方面的实践步伐，以适应消费者不断增长的需求。近年来，奢侈品二手市场成为人们日益关注的焦点。根据奢侈品转售平台Vestiaire Collective的统计，到2023年底，二手时尚衣物、配饰预计将占个人衣橱中的27%，到2025年，该行业的价值将超过600亿美元。另据优奢易拍联合对外经济贸易大学奢侈品研究中心研究发布《中国二手奢侈品发展研究报告》显示，中国近10年的奢侈品存量约为四万亿人民币，但二手奢侈品市场规模仅占奢侈品行业市场规模的5%，仍处于萌芽期，若以二手奢侈品市场的平均占比来估算，未来中国二手奢侈品市场可达万亿规模。因此，奢侈品品牌也对二手市场表现出浓厚的兴趣。例如，全球第二大奢侈品集团——开云集团，宣布将对奢侈品转售平台Vestiaire Collective进行投资，购买该公司5%的股份。通过此次收购，开云集团显示了其在数字化电商领域以及二手时尚市场进行扩张的野心。面对巨大的市场潜力，寺库、只二、胖虎、红布林及妃鱼在内的国内二手奢侈品平台相继通过直播电商渠道扩大客群；淘宝、抖音、小红书等具有分享性质的直播平台则逐渐成为二手奢侈品的传播营销主战场。随着二手奢侈品市场化朝着规范化和模式化的方向发展，未来整个奢侈品行业将陆续向二手转售平台开出绿灯，二手转售电商平台将越发受到头部奢侈品品牌的认可。同时，随着可持续时尚消费观的普及，也将让这股时尚循环经济的热潮，转化为巨大的经济效益。

2.线下零售利用科技手段提高消费体验

根据腾讯与BCG编写的《把握时代传承的变与不变——中国奢侈品市场数字化趋势洞察报告（2021年）》报告显示，品牌官网、品牌官方小程序、国内电商、跨境电商、线下门店构成了消费者购买奢侈品的主要渠道。值得一提的是，"90后"客群较为依赖微信生态，但部分重度客群较为偏爱线上研究线下购买。因此，对于时尚奢侈品消费而言，服务体验仍是影响消费者决策的重要因素之一。因此，能否连通线上线下为消费者（特别是年轻消费者）带来完整的消费体验将成为考验品牌营销服务体系系统性和互动性的重要标准之一。

纵观全球，几乎所有的奢侈品百货都在用社交媒体、线上电商和直播带货等各种不同技术手段，来重新提升自己对年轻世代的吸引力，更加灵活多变的转型策略正帮助它们持续撬动年轻圈层。同时，奢侈品百货也在努力思考如何将线上渠道与线下零售相结合，以及如何重塑线下零售体验的重要性和通过直播、社交媒体等平台搭建自己的私域流量。例如，北京以三里屯、蓝色港湾、国贸、望京等商圈为试点，充分运用5G、AR和VR、物联网等新一代信息技术，打造数字化沉浸式时尚消费空间。在王府井购物中心打造极具未来感的"星空馆"中，消费者只需拿出手机扫描商品即可体验AR互动新零售。

（二）产品创新日益成为时尚产业吸引客户的核心竞争力

以产品创新应对多元化需求，是品牌向上创新的正确姿势。产品创新是时尚企业永远的课题和使命。对于"Z时代"时尚消费者而言，时尚产品早已跨越了其原本的功能性，更已经走出了身份象征的浅表意义而成为消费者的一种个性风格、享受时尚所带来的心理满足感，甚至是一个人消费观、价值观的具体表现之一。因此，时尚产品持续创新才能不断吸引消费者，即使是在一个注重营销的市场环境下，产品依旧是品牌最核心的竞争力。

1.消费升级，消费者对产品品质的追求推动市场高端化

近年来，中国消费者的购买力大幅提高。中国中产阶级家庭在总城镇家庭中的占比由2016年的44%增至2020年的55%。同时，中国消费者越发愿意为质量高且

设计优的时尚潮流产品支付溢价。例如，以零售额计，中高端及高端产品于整体时尚鞋履市场的占比分别由2016年的8.4%及8.0%增至2020年的10.0%及11.8%。

2.“千禧一代”及“Z世代”引领消费新风潮

中国“千禧一代”及“Z世代”到2020年总人口为5.7亿人，这一代人通常具有更前瞻的消费偏好，对时尚潮流趋势的认知也更深刻。“千禧一代”及“Z世代”偏好时尚休闲及休闲风格的鞋服产品。此外，“千禧一代”及“Z世代”对风格的选择也越来越影响其他代际消费者的消费选择，以此推动中国时尚潮流市场的整体增长（图1-11）。

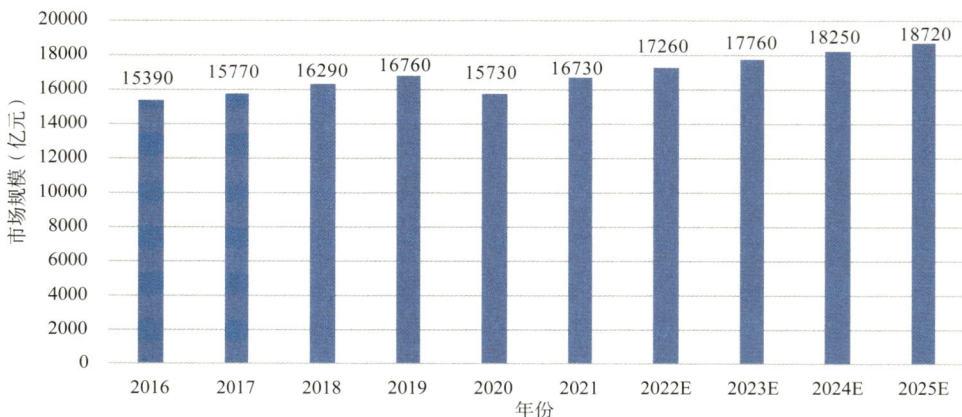

图1-11 2016—2025年中国时尚潮流行业市场规模统计

数据来源：弗若斯特沙利文、中商产业研究院整理

鉴于此市场趋势，产品研发设计的持续创新、强大的品牌营销及客户运营以及主动适应不断变化的消费者偏好已成为时尚潮流企业保持竞争力的重要策略。

3.消费者时尚意识增强，需求日新月异，持续向个性化、差异化方向转变

时尚潮流产品已成为消费者表达自我的方式。过去，时尚选择同质化，消费者对新颖设计的品牌意识或需求较为薄弱。然而，近年来，越来越多消费者开始追求时尚潮流，越发愿意为提供高品质产品及创新设计的品牌支付溢价。同时，消费者需求正趋于个性化及差异化，消费者会为不同的生活、社交及工作场景购置专用的产品。为满足此需求，适用于特定消费场景、设计独特的时尚潮流产品不断推向市场。在消费者日益主导市场的环境下，拥有深厚客户洞察力、研发能力以及拥有全面产品组合的时尚潮流企业最有能力抓住巨大的市场机遇。

（三）科技驱动为时尚产业带来全新的变革契机

时尚强国建设需要以科技为基本保障。《中国服装行业“十四五”发展指导意

见和2035年远景目标》指出，到2035年，"我国服装科技创新水平位列世界一流行列，成为世界服装科技的主要驱动者"。为了实现这一目标，时尚产业通过积极地拥抱变革和创新，推进新材料、新工艺、高效传播方式等的创新研发和使用。时尚产业的从业者们日益意识到，科技创新是创造新思维、新模式和新渠道的驱动力。未来推动北京数字时尚产业发展，应该跳出传统产业发展模式，强化"数字时尚思维"，围绕时尚设计数字化、时尚营销数字化、时尚供给数字化、时尚消费数字化，走转型升级发展之路。

1.数字传播技术改变时尚品牌的营销方式和传播方式

在以数字技术为主导的新一轮科技革命加快推进的同时，系统性的数字化营销渠道已经成为不确定时代的确定趋势。艾瑞咨询公司的数据显示，2020年中国直播电商市场规模达1.2万亿元，年增长率为197%，预计未来三年年均复合增长率为58.3%，2023年直播电商规模将超过4.9万亿元。

作为第一个尝试在小红书进行直播的头部奢侈品品牌，LOUIS VUITTON 于2020年3月份在小红书平台上进行了直播首秀，向观众介绍品牌2020春夏系列的主打产品。LOUIS VUITTON的动作也向行业透露了一个明显的信号，即奢侈品品牌之间的流量争夺已经从线下零售转移到线上直播渠道。

除了利用直播形成的公域流量，各品牌还在私域中构建了自己的流量池。比如PANDORA（潘多拉）就选择在自己的私域流量中，举办针对VIP客户群的小规模直播活动，并由自己的品牌员工担任主播。DIOR也采用了直播的方式，利用企业微信，邀请明星或KOL进入直播间，为自己的VIP客户进行直播。这种方式能够给真正具有高消费能力和客户黏性的VIP客户带来真实的购物体验感，其直播转化率要比在抖音、小红书等平台上更高。

数字传播技术的变革作用还体现在各品牌利用数字时装秀、时装短片等形式进行营销。以GUCCI、BOTTEGA VENTA（葆蝶家）为代表的品牌纷纷把以往用来筹备实体时装秀的资金预算转移到了线上渠道，用制作精良、极具创意的时装电影，以最新的数字化叙事手法强化品牌先锋形象。

2.受"Z世代"的需求驱动，大数据赋能于品牌进行数字化升级

"Z世代"消费者的崛起以及他们独特的消费需求，让整个时尚产业始终处于求新求变的状态之中。随着AR增强现实、元宇宙、NFT等趋势的兴起，时尚界正掀起异常数字时尚的竞赛，试图抓住"Z世代"消费者的注意力。作为最早进入"虚拟试穿服务"的公司之一，时装设计软件公司Browzwear在AR试穿、试妆等领域的技术研发已经走在行业前端，其虚拟试妆技术在Snapchat、Instagram和YouTube等社交平台上吸引了大量用户。利用虚拟试穿技术，不仅可以帮助零售商提高竞争力，还可以利用扫描顾客体型所搜集到的体型数据库，为品牌和设计师提供更广泛

和更具参考价值的设计数据来源，以此反馈给品牌方，品牌便可以通过这些数据来调整自己的产品设计和营销内容，从而更有针对性地对某一市场进行精准布局。

此外，"Z世代"消费者对可持续环保议题的关注、对个性化的追求以及日益下降的品牌忠诚度，都决定了品牌方需要利用大数据技术来对这些消费者的需求进行量化，并持续产出预测消费者需求的洞见。目前，已经实现这一目标的平台包括亚马逊网络服务、谷歌Cloud等巨头。

3.元宇宙等虚拟科技成为时尚产业的下一个风口

元宇宙是一个极致开放、复杂、巨大的系统，涵盖了整个网络空间以及众多硬件设备和现实条件，是一个超大型数字应用生态。这个世界真正实现了数据的确权、定价、交易和赋能，元宇宙是客观存在的、开源的、动态演化的、以客户需求为导向的，是一个人造的虚拟的平行世界。元宇宙的部分概念已经渗透到时尚领域中，例如，非同质化代币（NFT）、虚拟偶像、沉浸式电竞游戏等。元宇宙不仅颠覆了"时尚只有实体"的传统概念，更让时尚奢侈品牌得以在现实世界以外，逐渐进入虚拟领域，从而实现对年轻世代消费者的精准抓取，并在这一未来趋势中占据主动权。例如，2021年，LOUIS VUITTON为庆祝品牌公司创始人诞辰200周年，推出了基于NFT的游戏应用程序"Louis：The Game"，游戏中运用最新区块链技术，嵌入30个非同质化代币（NFT），供玩家在游戏过程中收集代表LOUIS VUITTON历史里程碑的200张明信片。从快时尚品牌到头部奢侈品牌，再到NFT艺术品和房地产，元宇宙经济迎来了井喷式的发展。摩根士丹利的报告显示，目前NFT奢侈品市场规模约为250亿美元。预计到2030年，元宇宙概念下的游戏和NFT将占据奢侈品潜在市场的10%。北京也在积极发展元宇宙相关技术及应用，例如，北京欧倍尔公司开发的元宇宙，在其中可以穿越时空，购物无界；可以个性化定制，满足多样化需求；可以参与互动活动，体验更多乐趣。此外，还有中国首个时装周虚拟时尚地标"元宇宙·北京751D·PARK"、阿里元境等均有运用元宇宙虚拟科技。

（四）时尚产业更加注重品牌文化的塑造

在过去几年中，大浪淘沙的时尚消费市场始终证明着拥有独特且明确的品牌文化才能不被市场淘汰，并持续吸引着不同世代的消费者。当下，独特的品牌文化是决定一个品牌能否持久发展、保持消费者忠诚度的决定性因素。它不仅能够赋予品牌深刻而丰富的文化内涵，还能够帮助其建立起鲜明的品牌定位和形象，并通过各个渠道的传播途径让消费者形成对品牌的认知，从而创造品牌信仰以及培养消费者的品牌忠诚度。拥有忠诚度意味着品牌能够在激烈的市场竞争中保持自己的竞争优势，为品牌的可持续发展提供源源不断的动力。因此，需要重视建构新时代首都时尚文化理念，充分挖掘中国传统文化元素与吸纳时代精神，加快融入符合新潮流的时尚产品之中，打造满足首都百姓文化与生活方式的时尚品牌，这也是提升首都文化软实力的需要。

1.通过数字技术实现品牌与传统文化的连接

时尚产业中的中国元素从繁到简，西学东渐，不断融入各大时尚品牌之中。在这个过程中，不断发展的数字技术，如5G、AR、VR、直播等以及元宇宙概念的兴起，都对中国传统文化与品牌的连接产生了极大的推动作用。以北京众多博物馆为例，纷纷通过虚拟空间技术、AR互动体验等形式，将以往艰深难以被完全解读的艺术展品转变成逼真、实时的三维虚拟场景，从而帮助博物馆提升观众的参展互动性和体验感。在时尚产业中，许多品牌也通过数字化手段来完成与传统文化的对接，如北京2022时装周期间，首次推出了数字时尚会场，以"翻转未来，破壁降临"为概念，将艺术、时尚与科技相结合，为虚拟时装发布、数字艺术作品展示打破时空阻隔，引领观众足不出户沉浸式看秀观展。北京工美的数字艺术作品《四维空间》景泰蓝收纳盒、EVERLAND的虚拟时装"数字神话·鹊桥仙"等数字服饰、艺术展品，用数字手段展示了品牌所诠释的中国传统文化，既让传统文化焕发了新生，也让品牌更好地触达了消费者。

2.利用艺术重新定义品牌文化

在不断用跨界联名、限量发售和爆款产品连接大众和年轻人的同时，时尚品牌们也在尽力维持其与成熟消费者和资深买家之间的联系，例如，与严肃的当代艺术进行结合。从某种意义上讲，时尚与艺术的结合仍是跨界合作的一种，通过与当代艺术的结合，品牌得以重新定义自身的品牌文化，并与新的市场消费者展开对话。最鲜明的例子莫过于设计师与艺术家之间的合作，例如，DJOYCE旗下北京精品店JOYCE TRUNK推出首个艺术合作，力邀本地新锐艺术家和设计师王志钧在店内展示面罩艺术设计，带来一场高街时尚与艺术创意的新鲜对话。

3.建立与消费者文化价值观相同的品牌文化

根据前瞻产业研究院的相关研究报告显示，在2016年之前，中国消费者的时尚消费主要受流量明星、网红潮人、社交平台所引导，但在2019年后至今，消费者的主要购买导向已经变成了时尚品牌所承载的文化内涵，以及这种文化内涵是否符合自己的文化价值观。文化是时尚的灵魂，消费者对时尚品牌和产品的认同，归根结底来自对品牌所蕴含的文化价值的认同，而这种认同就建立在是否与自身文化价值观相契合之上。以成功实现品牌新生的李宁为例，其利用大量的传统文化符号来唤起国民的集体文化记忆，使国民产生了对民族传统文化的认同感。同时，利用当下潮流趋势对传统文化符号、建筑、戏剧等内容进行再诠释，其背后所蕴含的文化精髓也通过这种符合新世代消费者审美的创意呈现方式，引发了后者的情感共鸣，在这个过程中，李宁成功地获得了消费者的文化认同。

（五）可持续变革是时尚产业的新机遇

"可持续性发展"是对整个人类社会、经济、环境的重要时代课题。时尚产业的可持续性发展，更是近年来津津乐道的话题。我国在"十四五"规划中，明确提出了对双碳、绿色制造、绿色消费的方向与目标。为此，时尚产业作为全球前三大耗能与污染产业之一，面对着重大的转型挑战。现阶段，时尚企业/品牌正在尝试和努力实践可持续的转型变革，包括生产过程中筛选更符合可持续性标准的供应商和使用更加环保的面料，将可持续融入品牌战略制定与企业文化建设等。从长远来看，大部分企业认同可持续时尚是新的机遇，为此将推进五项改变：一是材料更加环保，用更加生态友好的天然有机织物原材料逐步替代现有塑料和皮毛等原材料。二是时尚产品循环使用，结合回收及废物处理提炼，增加产品寿命，同时利用有限资源并减少废物带来的环境污染。三是数字化赋能驱动时尚产业各环节得到提效与协同改善，减少纺织材料浪费、节约能源，同时生产流程透明度与可追溯性提升成为可能。四是品牌与年轻消费者之间采取更多元的沟通方式，更注重营销内容、互动体验、社群经营等。五是快慢时尚平衡，消费者的时尚生活节奏显著变慢，不再一味求快，而是追求质量更好的服装，因此，时尚企业将更多地根据订单量制造，不再过度追求款式的创新。

（贾荣林　北京服装学院

陈文晖　北京服装学院时尚研究院）

第二篇
专题报告

第二章 城市现代化与北京时尚产业发展研究

城市现代化发展进程呈现出多元化特征，如数字化、智能化、可持续等，这些特点也深刻地影响着各个产业。其中，时尚产业是与城市化发展变化密切相关的产业之一。城市现代化过程中的城市品质提升、城市基础设施完善能带动时尚产业的发展、城市产业结构的优化升级、科技创新能力的提升、文化软实力的增强等特点，也对时尚产业的创新能力提出更高要求以适应城市现代化，时尚产业自身发展又可以赋能城市更新等城市现代化格局变化。

城市现代化也必然选择时尚产业。以国内大循环为主体，国内国际双循环相互促进的新发展格局是我国面对国内外的复杂形势做出的重大战略选择。为了充分发挥我国全球第二大市场的优势，充分利用"两个市场、两种资源"，国家出台了一系列文件，对全面促进消费做出了一系列重大部署，国际消费中心城市的建设是其中的重要内容。国际消费中心城市作为消费创新中心和时尚引领者，时尚产业必定十分发达，全球主要的国际消费中心城市往往也是国际时尚之都。

时尚作为民众生活方式的重要表征显现出强大的文化力，并逐渐渗透到经济领域，成为一种活跃的经济要素，是世界级城市群文化传播的核心元素。北京作为京津冀城市群建设世界级城市群的核心城市，也已提前布局时尚产业，作为适应城市现代化，体现城市魅力、活力、影响力和软实力的重要抓手。

一、全球主要城市现代化特征下的时尚产业新契机

城市现代化是城市自身运动的高级阶段和城市存在的高级形式。一般是指城市的经济、社会、文化及生活方式等由传统社会向现代社会发展的历史转变过程，是一个全面发展的概念。城市现代化的核心是人的现代化，本质是围绕社会需求的全面协调发展，是在某种意义上的人的全面解放过程。在城市现代化进程中表现出诸多特征。

（一）规模效应和集聚效应，推动时尚产业规模化发展

城市现代化过程吸纳大量的人口流入城市，城市人口规模和空间格局持续扩

大，形成显著的规模效应和集聚效应。随着人口数量的增加，城市建设用地面积、基础设施等方面都随之不断提升。为了满足城市人口快速增长的需求，城市向周边地区扩张，形成了城市群和城市圈，空间网络关系的建立日益密切，城市群成为城市现代化发展的重要形式。

城市的消费集聚度越高，对国内外消费资源的集聚效应越明显，消费的创新效应和对经济的拉动作用就越显著，就越有利于发挥该城市的辐射效应和溢出效应。以上海为例，近几年上海消费对国际消费资源的集聚度在不断提升，上海已成为全球零售商进驻的重要目的地、国内外知名品牌和创意品牌的集聚地，世界知名高端品牌集聚度超过90%，全球零售商集聚度位居全球城市第二。上海正在成为联动长三角、服务全国、辐射亚太的消费品零售城市和进口消费品集散地。众多中高端消费品牌通过上海进入内地，上海口岸进口服装、化妆品、汽车分别占到全国的70%、47%和36%。北京则有74%的本土品牌走向全国，资本汇聚的优势使北京的本土品牌势能强劲，增长迅速。传统餐饮如大董持续开疆扩土，新式餐饮Tomacado花厨融合美学空间迅速出圈。新零售打响知名度，闻献documents、观夏to summer、泡泡玛特POP MART等品牌从小众走向大众。

（二）经济快速增长，带动时尚消费市场扩张

全球城市化的进程正在不断加快。根据联合国的数据，2018年全球55%的人口已经生活在城市中，预计到2050年，这个比例将达到68%。快速城市进程也带来了经济的迅速发展，我国已有23座城市的GDP（国内生产总值）超万亿元。《国家中心城市建设报告（2021）》显示，2020年9个国家中心城市的GDP总量超过19.4万亿元，占全国GDP总量的19.12%，社会消费品零售总额达到7.86万亿元，占全国的20.04%。

（三）空间结构完整化，创造时尚消费新场景

城市化进程中，城市的空间结构也在发生变化。传统的城市中心地带逐渐向外扩展，形成多核心、多中心的分布模式。城市的功能也在随着空间结构多元化发展。一个重要表现就是城市内更新成为时尚产业发展新机遇，将消费场景与多元生活方式结合，打造一场年轻人的"派对"，让他们在体验中产生认同感、获得满足感，引发人与艺术的碰撞与交流，聚集人气的同时形成线上传播力，导流助力，实现流量变现。

（四）科技发展和功能多元化，催化时尚产业数字化

随着科技的发展，越来越多的城市开始利用科技手段提高城市的管理和服务水平。人工智能、大数据、物联网等新技术在商业中的应用不断加深，城市商业

也不断向信息化、智能化发展。例如，深圳市时尚产业正向着技术高端化、创意多元化、品牌国际化、产品时尚化的方向发展，通过大数据、云计算、人工智能、虚拟现实等新一代信息技术的综合应用，以数字艺术的形式建立元宇宙沉浸式数字体验空间，以深圳时装周虚拟数字会场的形式面向全球开放。同时，深圳还举办了时尚科技展、时尚科技论坛多个内容，推出包括AI趋势、3D虚拟设计、智慧门店、畅快直播、跨境电商平台以及360°数字秀展等解决方案，从构建高品质时尚产业数字化服务平台出发，给出当下服装企业面临多重挑战的解决思路。

（五）绿色和可持续目标，提供时尚新思路

城市化过程为人们生产生活带来便利的同时，城市问题也深深困扰着城市居民，如环境污染、交通拥堵、住房紧张等。城市化还导致了农地转化为城市用地的过程，这对农业和生态环境造成了一定的影响。绿色和可持续发展议题成为城市现代化的必然趋势。面对城市化带来的问题挑战，各国政府正在不断提升城市治理能力，通过制定和实施各种政策，以解决大城市问题。随着环保意识的提高，越来越多的城市开始注重绿色建筑和可持续发展。例如，哥本哈根就是一个典型的绿色城市，设定发展目标为2025年所有区域的供热和制冷实现"碳中和"，该城市在城市规划和建设中大力推广绿色建筑和可再生能源，在倡导绿色消费的同时也在形成有效的绿色供给，与利益相关方构建合作伙伴关系，引领全球的可持续消费价值观。

二、时尚产业发展变化趋势分析

从国际来看，巴黎、米兰、伦敦、纽约、东京已经成为世界五大时尚之都，塑造了独特的时尚文化与时尚经济。巴黎是高级时装的发源地，世界时尚设计和信息的发布中心；米兰是高级成衣发源地，世界一流的面料制造基地；伦敦具有悠久的纺织业传统，是经典男装的制造中心；纽约的高级成衣、休闲装、运动品牌居全球领导地位；东京是新潮流文化与城市青年新文化的发源地，走在创造流行、传播时尚的最前沿。从国内来说，随着城市时尚经济发展的不断深入，上海、深圳等多个城市已将时尚产业列入"十四五"规划，时尚已经成为提升城市软实力、打造文化"金名片"的重要力量。在北京全国文化中心建设过程中，要利用好"设计之都"名片，把时尚设计作为文化创意产业的重要组成部分，推进文化创意产业引领区域建设，把北京打造成为时尚之都。本报告主要从时尚产业的时尚制造、时尚创造、时尚传播、时尚消费等方面呈现出变化趋势开展分析。

（一）科技创新成为时尚制造的新驱动

数字信息技术、生物技术、新材料研发、大数据分析等技术的广泛应用，正逐步推动着全球时尚产业在生产工艺、生产模式、消费模式、传播模式等方面进行广泛而又深入的变革。同时，科技创新也促进着全球时尚产业的升级转型，以创新产业发展模式作为切入点，全球时尚产业正朝着以科技创新为第一创造力的方向进行发展。对于纺织企业、服装品牌、供应商们来说，以更开放的心态去尝试不同的科技创新成果，是把握当下时代潮流和新消费趋势的关键之一。充分学习理解和利用每一种符合自身品牌调性的技术，时尚品牌可以从中汲取非常强劲的发展动力。全行业都在加快数字技术和产业的深度融合，转型、调整、创新也在不断深化。例如，鄂尔多斯公司的电商部门已经引入了 RPA–Robotic Process Automation（机器人流程自动化技术），利用机器人技术来实现流程的自动化处理。

（二）国潮元素成为时尚创新的新亮点

国潮国风中富有古典意蕴的文化符号，充分唤起了群体对文化记忆、文化身份的共鸣，逐渐演变成炙手可热的时尚，成为当下具有广泛影响力和感召力的文化景观。纵观当下广泛流行的汉服等流行时尚，故宫文创产品设计等都将传统文化的独特魅力和深厚底蕴渲染得淋漓尽致。从国风音乐、动漫、游戏的迅速崛起，到国潮服饰、品牌、IP 旋风式的席卷市场，这些极富中国本土元素的时尚产品已成为彰显原创、先锋与个性理念的创新表达。与此同时，国际时尚圈也将中国的刺绣、盘扣、龙凤、祥云等中国传统元素融入自己的设计之中，中国文化正受到世界越来越多的关注与借鉴。

（三）国际舞台成为时尚传播的新高地

全球文化交流日益密切，国际时装周等形式构建的国际舞台成为时尚传播的关注重点。早在 2005 年，北京就提出"时装之都"的概念，发布了建设北京时装之都的规划纲要。近年来，北京时尚产业迅猛发展。中国国际时装周在推动中国时尚产业不断发展、让世界了解中国时尚文化的同时，已成为中国时尚的最高舞台和具有国际竞争力的创意集合平台。

（四）新场景、新业态成为时尚消费的新思路

随着消费者对时尚需求的不断变化和升级，新场景和新业态已经成为时尚消费的关键。传统的购物方式已经无法满足消费者的需求，他们追求更加个性化、多元化的消费体验。因此，品牌和企业需要不断创新，开拓新的市场和领域，以满足消费者的多样化需求。同时，新场景和新业态也需要与消费者的需求相匹

配，提供更加便捷、高效、优质的消费环境和服务，才能赢得消费者的青睐和信任。

三、北京城市现代化发展对时尚产业的影响分析

（一）基础设施建设对时尚产业的基础支撑

北京市的城市基础设施建设对时尚产业的推动作用是多方面的。首先，城市基础设施的完善为时尚产业的发展提供了良好的环境。例如，交通、水务、能源、园林绿化及市政等基础设施，是经济社会发展的重要支撑，具有战略性、基础性、先导性作用。其次，城市更新行动的实施，转变了城市开发建设方式和经济增长方式，对全面提升城市发展质量、满足人民日益增长的美好生活需要、促进经济社会持续健康发展具有重要意义。此外，北京时装周紧跟首都城市更新发展战略，立足于服务首都城市发展新定位，以时尚为抓手引领产业转型升级，赋能首都城市更新，助力首都"四个中心"建设和北京国际消费中心城市建设。

北京市政府对时尚产业的支持和产业政策的影响也是显著的。北京市政府出台了多项政策来促进时尚产业的发展，例如，《关于推进文化创意产业创新发展的意见》《文化产业发展引领区建设中长期规划》和《文化产业高质量发展三年行动计划》等文件，为新时期北京文化产业的目标定位、实施路径明确了路线图。

（二）空间结构调整对时尚产业的活力激发

北京市的城市空间结构调整对时尚产业的影响是多方面的。北京市政府近年来加强了对首都功能核心区控规的实施，强化城市空间结构，坚定有序疏解非首都功能，加强老城整体保护，有序提升王府井、西单、前门等重点地区的业态和城市环境，加大老旧小区综合整治力度，补齐公共服务设施短板，推动政务功能与商业商务、文化娱乐、旅游休闲等功能有机融合。这些措施有助于提升北京的城市品质和形象，为时尚产业的发展提供了更好的环境和条件。

城市更新等空间结构调整给时尚产业激发活力带来新的可能。例如，北京回龙观区域的首开LONG街利用城市有机更新打造成"城市新引力，商业新潮向"，在空间设计上，打破了户外街区与室内商业空间的界限，将步行街改造成兼具辨识度和亲近感的城市绿洲；在商业更新上，通过捕捉消费趋势的变化和市场研判，甄选了百余家知名品牌入驻；在业态布局上，街区打造"24时段业态、创新服务类业态、儿童亲子类业态"等适合居住社区的综合性业态品牌矩阵，并推出戏剧音乐秀、街头篮球赛、水球大作战等各色活动，实现项目与消费者的"情感共鸣"。朝阳区首创郎园，则通过城市更新项目建设文化产业园，以文化"产业＋空间＋内容"

融合服务为核心，场景助消费、流量助品牌，跟商户共建时尚消费场景，同时高频举办文化艺术展览活动，激发了时尚产业的活力。

（三）国际市场开拓对时尚产业的辅助推进

随着北京城市的现代化进程，越来越多的国际品牌进入中国市场，其中不乏一些高端时尚品牌。这些品牌的进入不仅丰富了消费者的选择，也提升了北京的品牌形象和地位。同时，本土品牌也在不断提升自身的品牌形象和竞争力，成为北京时尚产业的重要组成部分，并逐渐走出北京，面向更广阔的消费市场。

（四）科技创新成果对时尚产业的转型赋能

北京市凭借科技创新发展优势，对时尚产业形成潜移默化的影响。北京时装周等时尚活动主题越来越聚焦科技赋能，如AW2023北京时装周"FASHIONet+云潮"计划，生动展现出北京时尚产业持续升级的新成果，科技感十足的"云"技术搭配时尚感满满的"潮"活动，勾勒出一幅美好的"云潮"画卷，展现了"数字时尚"蕴藏的新机遇。同时，北京在时装制造等产业中关注数字时尚和科技应用，如北京格雷时尚科技有限公司（简称"格雷时尚集团"）携手大兴经济开发区打造数字时尚产业载体——上德中心，意在进一步激活产业势能，蓄力打造产业发展新标杆，格雷时尚集团联合北京服装学院启动数字时尚产业交流活动，双方针对"服装柔性定制数字平台总体架构研究、智能调温材料及织物研发、穿戴科技产品研发"等在内的首批十项解决方案展开交流对接。

（五）绿色发展要求对时尚产业的引导提升

2020年，中国纺织工业联合会成立了中国纺织服装行业全生命周期评价工作组，通过建立纺织产品全生命周期评价体系和环境足迹数据库，加快建立从终端品牌端到原材料端全链条可追溯绿色产品环境信息披露体系，对从生产到消费全价值链产品绿色属性的追溯与价值挖掘，持续推动全产业链制造高效化、清洁化、低碳化、可循环化发展。对于时尚产业而言，可持续发展理念的应用，不再局限于产品，而是覆盖于从产品设计研发、供应链到回收处理的全产业链条。

四、北京时尚产业现状分析

（一）时尚产业规模和结构分析

北京市时尚产业规模总体保持平稳，北京市统计局数据显示，2020年北京市纺织服装和服饰业实现营业收入644.91亿元，规模以上企业生产总值达到69.2亿元

（图2-1）。与此同时，北京时尚产业研发、设计、制造、服务各环节都在有序推进，逐步向高质量发展转变。随着非首都功能疏解工作的深入推进，北京市纺织服装服饰制造、批发等传统行业逐步向河北、天津等地转移，行业总体规模处于稳步下降的态势，以时尚设计、品牌管理、市场营销和总部经济等为主导的结构特点更加明晰。根据2021年12月深圳举办的第七届中国（深圳）国际时装节发布的全球时尚城市指数显示，到2021年年末，北京市已连续4次在全球时尚城市榜单中排名前十。

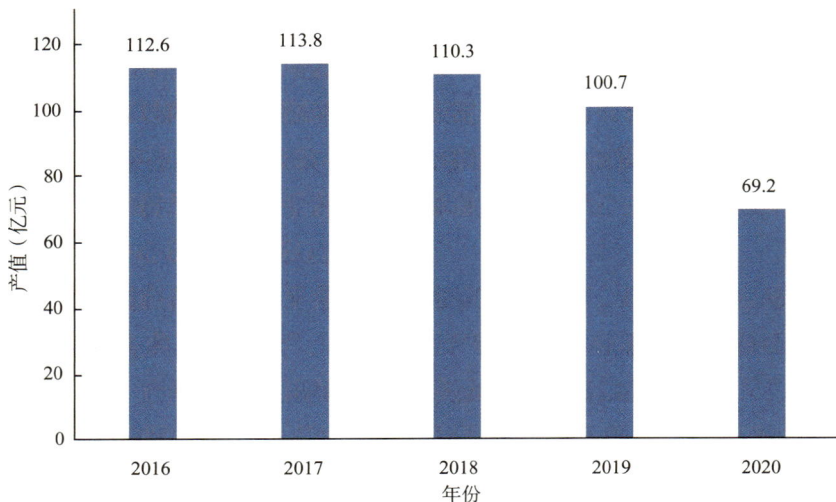

图2-1　2016—2020年北京市纺织服装和服饰业规模以上企业生产总值

资料来源：《北京市统计年鉴》

　　根据2021年的北京文化产业发展现状报告，北京市的文化产业发展总体规模持续扩大，收入和利润均实现较大增长。2021年，全市规模以上文化产业法人单位5539家，比上年增加368家；规模以上文化产业收入合计17563.8亿元，同比增长17.5%。其中，北京市的时尚产业也包括在内。

（二）时尚创新资源分析

　　继2021年中国国际时装周被列入《北京培育建设国际消费中心城市实施方案（2021—2025年）》发展计划，2022年中国国际时装周与北京市商务局、北京市朝阳区政府联合举办2022全球首发节·SS23中国国际时装周启动活动。中国国际时装周发布主场地751D·PARK与三里屯太古里、北京SKP、SKP-S、国贸商城、王府井商业街一同入选第一批"全球首发中心"，并与媒体代表、平台企业代表、机构代表共同发起首发中心共创平台。北京市商务局在首发活动上发布了《2019—2022北京市首店经济综述和展望报告》，着力打造更加多元创新的消费场景和地标型消费载体，以示范效应吸引国内外品牌加快聚集，塑造首店首发经济高质量发展的新引擎。活动充分体现了北京市对中国国际时装周在时尚文化引领消费方面重要推动作用的认可，中国国际时装周将继续助力北京打造全球时尚高地，推动时尚消费升级，为建设北京国际消费中心城市赋能。

（三）时尚传播路径分析

北京市时尚产业在时尚传播路径方面重点关注与文化传播公司合作增进知名度、举办论坛或会议活动增进交流、利用时装周等大型活动增进宣传度等方式。例如，北京时尚控股公司作为北京服装纺织产业的龙头代表采取以下措施开展时尚传播：第一，收购专业的文化传播公司，利用其专业能力，通过《时尚北京》这类在北京有着一定知名度和影响力的时尚杂志为其打广告、树品牌。第二，积极与协会合办时尚论坛、圆桌会议等圈内活动，在活动中表达企业意愿，吸引相关资源前来商业洽谈。第三，参与到北京时装周等活动的举办中来，利用大型平台举办旗下品牌的新品发布会，宣传效果事半功倍。第四，积极响应国家战略，把握行业发展的大方向，在京津冀地区举办时装展，提高区域知名度的同时积极开拓新市场。

（四）时尚消费市场分析

根据 2022 年 8 月 30 日北京市商务局关于印发《北京培育建设国际消费中心城市实施方案（2021—2025 年）》的通知，北京市力争到 2025 年，初步构建具有国际竞争力的时尚消费品牌矩阵、首发中心和总部高地，人才培育、产业布局、公共服务等支撑体系逐步完善，时尚消费繁荣度显著提升。

北京市时尚消费品市场保持增长。2023 年上半年，全市限额以上批发和零售业主要类值中，金银珠宝类、服装鞋帽针纺织品类、化妆品类等时尚类商品零售额同比分别增长 42.2%、27.1% 和 18.0%，且较一季度分别提升 15.3 个、15.6 个和 9.9 个百分点，整体有较好的表现。北京发布的首店 3.0 版本措施增加了对服装类新品通关支持、提升支持额度。这也意味着，北京时尚消费正努力与国外时尚进度保持同频。

国际品牌表现上，一线奢侈品牌增长快速，在潮牌和设计师品牌引进方面仍有较大上升空间。根据 2019 年北京国际品牌发展报告，目前北京市场一线奢侈品牌增长最快，轻奢线增长全面放缓，增速下滑严重，潮牌设计师品牌尤其受到年轻消费者的青睐。在时尚精品类方面，国际品牌在京沪门店分布基本一致。在整体国际品牌门店总数上，北京具有微弱的领先优势，共有 539 家品牌精品店及旗舰店，数量高于上海的 521 家。但是，上海在一线品牌以及潮牌设计师品牌的门店数量上略微领先。去年北京商场新增或翻新门店中，潮牌类服饰和小众设计师服饰门店占比近五成。

五、国际城市时尚产业建设经验

（一）大数据平台的应用以实现数据共享

为适应互联网和大数据时代的发展要求，许多发达国家城市都在政府层面建立了数据平台，通过数据的共享和管理，优化城市管理，促进和引导消费。纽约于2012年通过《开放数据法案》，这是美国历史上首次将政府数据大规模开放纳入法律，由此建立了一个基于城市经济社会运行的数据"生态系统"。其中，既有按邮政编码分区的历史统计数据，也有地铁、公交系统的实时数据，还包括停车泊位、旅游景点、餐饮卫生、住房租售等相关数据，促进了纽约作为国际消费中心城市的不断发展。国际时尚消费中心的发展不是以单一行业为支撑，而是商业、旅游、文化、体育、会展等诸多行业联动发展的有机整体，从而实现消费的规模效应和整体优势。作为数字化城市的重要组成部分，通过公共数据平台的搭建把握城市的运行信息、经济信息和各种消费信息，有利于在更精细的数据化层面分析消费动态，引导消费习惯，并制定合理的政策。

（二）完整的高端时尚产业链条

国际消费中心城市作为消费创新中心和时尚引领者，时尚产业必定十分发达，全球主要的国际消费中心城市往往也是国际时尚之都。时尚的发展大多体现在拥有一个完整的时尚产业链。伦敦是时尚界的主要城市之一，大约一半的专业时装设计工作在英国伦敦金融城及周边开展，目前有46400人以各种方式在伦敦时尚产业从业。许多领先的时装设计师工作室和公司位于骑士桥地区，以这些时装设计师为核心或主导的伦敦时装周吸引了来自全球的时尚买手，每年产生的直接价值在200亿英镑以上。纽约将都市工业作为城市发展的一抹亮色，为各种小批量、非标准化、周转时间短、创意性强、需要快速反应的中小型公司保留发展空间。目前曼哈顿地区约有1600家成衣制造公司，其中400多家位于繁华的第五大道毗邻的纽约时装区，从事定制编织、镶嵌切割、样品制作等工作。政府从政策、空间、资金等方面，通过微型制造、垂直制造、共享生产空间等模式，努力保护服装、创意、设计的生产制造空间，通过制造平衡战略维护其在全球时尚业生产链、商品链及价值链的领导地位。

（三）完善的高端时尚产业配套服务

国外主要发达国家的消费城市大多拥有先进的医疗技术和设施，除了能满足本地居民的医疗服务外，还能提供高端的医疗保健服务。例如，伦敦的卫生服务提供的范围种类繁多，数量巨大，从生育到肥胖，从肿瘤到整容手术皆有相关的服务机构。在伦敦市中心仅整形专业私人诊所就有60多家，哈利街区有26家诊所和100多个注册从业人员可从事健康牙科正畸治疗。同样，新加坡依托本地医学院、大学和相关研究机构的发展，拥有国际知名的医疗中心和私人保健服务中心，每年仅接收境外求医就超过100万人次，带来了大量的相关延伸消费。

（四）区域旅游资源优势互补以避免同质化竞争

国际时尚消费中心城市在规划建设时要结合不同区域的优势和资源实现差异化发展，阿联酋各酋长国就利用各自的优势发展特色旅游。同是经营体育赛事，迪拜主要是赛马、网球、沙滩排球、七人制橄榄球等；阿布扎比侧重F1赛车、赛艇、飞行特技表演赛、骆驼赛等；富查伊拉是跳伞比赛。沙迦主推文化游，利用自己的地理和价格优势提出"工作、旅游在迪拜，吃住在沙迦"；哈伊马角拥有丰富的历史古迹和文物保护景点，主打历史文化游；富查伊拉利用其自然旅游资源，开展山区旅行、沙漠冒险、海上运动等旅游项目；乌姆盖万则充分利用海滨优势，开发海滨旅游项目。正是这种不互相效仿，避免恶性竞争、两败俱伤的做法，使阿联酋各酋长国的旅游业得以形成一种共同发展的态势。这种优势互补、差异化定位的经营策略在英国伦敦也被广泛使用，世界著名卡姆登大街市场每个周末吸引超过10万名游客，是伦敦最有吸引力的景点之一。

（五）"未来社区"构造社区消费模块

"未来社区"是国际时尚城市正在探索和构建的一种新型社区，也是时尚产业依托的城市新场景。通过围绕社区全生活链服务需求，以人本化、生态化、数字化为价值导向，以未来邻里关系、教育、健康、创业、建筑、交通、能源、服务和治理等众多场景创新为引领的新型城市功能单元。具有典型代表的就是新加坡组屋采用的"邻里中心"规划，摒弃了沿街为市的粗放型商业形态，坚持以本区居民日常生活为中心的理念，全部设施满足人们在住所附近寻求生活、文化交流的需要，构成了一套强大的家庭住宅延伸体系。以大巴窑地区为例，除商业、公共服务等实际功能外，还建造新组屋单位、翻新步行街和民众广场，为行人修建道路顶棚，设置新的自行车架和自行车道，建立整栋停车楼等，以此扩展更多绿色空间和无障碍设施，配备邻里公园等供居民休闲放松的绿色场所，通过搭建"艺术与历史角落"来传承大巴窑的文化和历史。欧洲的BLOCK街区设计理念也是"未来社区"的一种模式，将街区与国际化、居住、休闲、娱乐、商务等组合在一起，规划创造一种全新的居住和生活模式。

六、城市现代化进程中提升北京时尚产业发展水平的建议

（一）以技术支撑和制度创新营造优良的消费环境

积极打造以新科技为特色的消费环境，通过政府管理机制的改革，持续推进签证便利化，推广离境购物退税政策，推动部门协作联动，创新消费维权机制，打造法治化、国际化、便利化的消费环境。积极争取国家在消费创新政策上的支持，对新零售、原创品牌等发展中的市场准入、税收缴纳、融资上市、知识产权保护等可能出现的制度障碍进行制度创新和政策储备。

（二）建设国内优秀产品出口平台，增强本土品牌对全球消费的吸引力

一是品牌引进方面，基于消费者的越发理性与个性化，未来可考虑在招商上多引进小众高端二线品牌（尤其是包袋品类），可以在 SKP 或三里屯快闪 / 买手店举办国际生活方式展览等试水北京市场，此外，轻奢线增长全面放缓，增速下滑严重，但鞋履品类还有较大空间，轻奢珠宝增长稳健，但竞争激烈，整体而言受益于消费升级，一线奢侈品牌增长最快；二是增加商业设施方面，以荟聚西红门为标杆，引导国际品牌选址消费潜力巨大的海淀地区，增加市内免税等国际品牌业态供应；三是品质提升方面，打造步行式商业街区，提高商业资源集聚度和多元性，发挥北京文创优势，联合国际品牌开展品牌文化、生活方式宣教，培育精致生活需求。

优秀的本土产品是我国文化和我国特色的无声宣传者，也是提升民族自信和消费城市国际地位的重要力量。城市可依托国内知名品牌的首发地和首秀地的优势，推动国内知名品牌，特别是老字号品牌、"非遗"品牌、国内知名设计师品牌、国内知名品牌等时尚和快消品的出口，实现国内优秀产品"走出去"。

促进我国老字号企业的转型，以数字经济和智慧城市的建设为契机，结合人工智能、物联网等技术，鼓励本土企业和老字号在商业模式、商业业态和商业技术上的创新，不断扩大其在全国和全球的影响力。对消费领域的重点龙头企业和品牌核心企业给予优先支持，除继续在财政金融方面给予支持外，建立"一事一办"定向施策制度，梯度培育本土消费品牌的主力军，提升龙头企业的数量以及在全国和全球的影响力。

（三）建立完整的时尚产业链，提高对全球消费的引领力

北京老字号品牌众多，但现今很多已失去了原有的特色和魅力，创新远远不够，大量本地设计师的缺失和时尚产业链的不完备是重要原因。因此，急需实行内

培外引，优化时尚人才引进和评价政策，建立与时尚产业生产力更加契合的劳动关系制度，制定高端时尚特殊人才的引进政策，吸引和培育在国内外具有影响力的知名设计师，鼓励本土原创品牌的发展，通过相关政策的引导，建立一定的产业园区，形成一定的集聚效应。加强高校和各种社会机构对于时尚人才的培养力度，提高时尚人才的聚合度、协同度和流动性。鼓励本土新品牌和老字号品牌举行各种发布会和展示会，搭建时尚品牌的线上和线下流量平台，强化品牌发布的体验和社交功能，吸引国内外时尚买手进入，形成国际时尚买手集聚区。打造一批具有潜力和影响力的品牌，推动形成享誉世界的中国轻奢品牌，同时培育世界级的中国重奢品牌。

时尚产业的发展不仅需要大量一流的时装设计师，还需要与时尚产业相关的本地产业链的快速反应能力、区域的产业组织能力、全球资源的动态链接能力。很多城市历史上曾作为中国的纺织品和轻工业品的生产基地，在成熟的产业工人和传统纺织技艺的传承方面具有深厚的底蕴和基础。通过制定相应政策，加强在工作空间、资金、人才、制度等方面的引导，打造完整的时尚产业链园区，在服装、箱包等的定制编织、镶嵌切割、样品制作、微型制造等方面形成完整的价值链、生产链和商品链，从而快速对国际时尚潮流做出反应，引导国际时尚。

（四）打造新场景、新业态，释放更多的消费潜力

改造、引进和开发新的旅游项目，开发具有各个城市特色的国际化旅游文化项目。与国际发达城市开展摄影、服饰、电影、戏剧、美食、体育赛事等领域的人文艺术交流，进行文化旅游项目、文化旅游名城的宣传和推广，实现东西方文化互通，促进消费者流通。将实物消费与文旅消费相结合，扩大城市已有的购物节、旅游节、艺术节等在区域和全国的影响力，吸引外来消费；举行全国性的旅游消费节庆活动，加强与其他城市和省份的互动，带动全国消费。

（五）提升城市社区发展，强化时尚产业服务配套

国际消费中心城市的建设既要"顶天"又要"立地"，"立地"就是要打造具有"温度"的、人性化的社区。作为国际城市社区发展方向的"未来社区"，摒弃了传统的社区点状更新的弊端，从系统性和整体性上规划出行、交往、创业以及教育、医疗、养老等功能，覆盖了日常生活几乎所有场景，各场景之间相互衔接，层层推进，保证社区功能得到更好的完善。社区的运营和治理依托物联网、云计算等智慧手段，整合"线下"现实社区和"线上"虚拟社区，将政府、开发商、第三方部门、居民等各类参与主体都纳入智慧化的网络治理平台中，通过资源整合与协商合作，共同致力于提高社区的治理效能。借鉴"未来社区"的国际发展模式，政府应

制定出台相应的社区建设标准、引导政策和企业投标规范。一方面，城市社区的开发提前整体布局，从系统性战略角度构建立体化、数字化、人性化、交通便利、生态宜居的示范型"未来社区"，打造典型示范，完善社区商业配套，形成面向区域一体化、商产文旅联动、特色鲜明且错位发展的城市商业体系。另一方面，对已有社区的改造分批进行，结合原有社区的不同特点制订不同的改造方案，完成一批验收一批改造一批，以先进引领后进，实现城市社区发展的整体提升。

（熊兴　北京服装学院时尚研究院）

第三章 经济现代化与北京时尚产业发展研究

一、经济现代化的概念、内涵与特征

（一）经济现代化概念

"现代化"一词没有一个确切的定义，泛指某一概念或主体在一定时间范围内的动态变化，根据经典现代化理论，从农业社会向工业社会过渡是现代化的重要表现，而工业社会是现代化的过程而不是终点。根据中国科学院中国现代化研究中心暨中国现代化战略研究课题组发布的中国现代化报告，从农业文明向工业文明的转变是第一次现代化，从工业文明向知识文明的转变是第二次现代化。如果说第一次现代化是以工业化、城市化、民主化和理性化为特征的经典现代化，那么，第二次现代化则是以知识化、信息化、全球化和生态化为特征的新现代化。很显然，现代化是人类文明的新篇章，第二次现代化是人类发展的新前沿。一个国家的现代化一般是指达到世界先进、前沿和发达水平的发展状态和发展过程，其中最为关键的是经济现代化。

"经济现代化"作为现代化的重要组成和物质基础，是物质层面和经济发展角度的现代化过程，是现代化的核心内容。经济现代化既可以是世界经济的现代化，也可以是一国经济的现代化，还可以是地区（如省、市、区、县）经济的现代化以及行业经济的现代化。《中国现代化报告 2005——经济现代化研究》中特别指出，经济现代化是经典现代化的重要组成部分，是推动经典现代化的主要动力，它是一场全球性的经济革命。离开国际竞争谈经济现代化，就不是全部意义上的经济现代化。因此，经济现代化既包括国家自身的经济形态的转变，也包括生产率达到世界先进水平。经济现代化不仅包括经济发展、经济增长和工业化，还包括世界经济前沿和国际经济差距的变化，是一个高度综合的概念。

我国的经济现代化是中国式现代化语境下提出的概念，党和国家提出了一系列新理念新思想新战略，从理论和实践的结合上系统回答了新时代中国经济发展和现代化建设的一系列重大问题，深化了对经济现代化规律的认识，系统阐明了新时代中国经济现代化的根本要求、指导原则、发展阶段、增长理论、战略路径、动力模式，为新时代中国经济现代化奠定了全面系统的理论基础，是新时代指引中国经济发展、推进中国经济现代化进程、全面建设社会主义现代化国家的理论指南和根本遵循。

（二）经济现代化内涵与特征

经济现代化是转变发展方式、优化经济结构、转换增长动力的过程。我国经济现代化在内涵上更强调整体性、系统性和协同性，这是由我国实际情况决定的。目前，我国经济已由高速增长阶段转向高质量发展阶段，正处在转变发展方式、优化经济结构、转换增长动力的攻关期。不容忽视的是，目前我国还存在发展质量效益不高、资源环境矛盾突出、区域城乡差距仍然较大、经济循环存在卡点、堵点等一系列风险挑战。要破解这些矛盾和问题，推动经济跨越关口，就需立足新发展阶段，贯彻新发展理念，构建新发展格局，推动高质量发展，促进共同富裕，统筹发展与安全。

1.创新是第一动力和不竭源泉

经济现代化的最显著特征之一就是创新驱动。社会通过创新带动效率提升、质量变革、动力变革，从而提升经济全要素生产效率。从微观层面看，创新能够改变经济现代化的主体——企业的流程、模式，提升全要素利用效率，影响行业技术标准，还能改善企业传统管理模式，加速非技术层面的改革，提升发展质量。从中观层面看，创新是产业升级的催化剂，能够增加规模报酬，提升整个产业资源配置效率和效益，从而促进产业现代化。此外，创新还是实现绿色经济发展中能耗效率提升的关键，是经济现代化的重要支撑。从宏观层面看，创新能够提升区域在价值链中的位置，引领高质量发展。此外，创新的目的是为人类服务，满足社会需求，产生积极的社会效应，带动经济现代化发展。当前我国高度重视基础研究，实施了创新驱动发展、科教兴国、人才强国等战略，注重创新和经济融合发展，发展战略性新兴产业、数字经济，创新成为经济现代化的不竭源泉。

2.产业体系现代化是核心内容

产业体系是经济体系的内核，所以产业体系现代化是经济现代化的核心内容和具体体现。从本质上说，产业体系的优化和发展就是产业体系的现代化，是经济现代化在产业结构变动上的具体表现。当前，我国经济体系现代化，核心就是建立现代化的产业体系，尤其是要注重以实体经济为核心的产业系统建设，注重产业链和产业集群建设，推动产业向高端化、智能化、服务化、绿色化转型，促进实体经济、科技创新、现代金融、人力资源协同发展，推进产业基础高级化和现代化。

3.要素高效合理流动是前提条件

现代化经济体系运行要求资源高效配置，全要素生产效率提高，而要素高效合理流动是实现资源有效配置的前提。经济现代化要求区域内要素能够实现内外畅通流动、内部合作和对外开放协同联动，即现代经济体系要具有开放性、动态性。当前，我国正围绕经济现代化，坚持扩大内需，加快建设更高水平开放型经济新体制，推动我国对外开放由商品和要素流动型开放向规则等制度型开放转变，加快构建与国际通行规则相衔接的制度体系和监管模式，商谈和积极加入高水平自贸协定，促进国内国际循环顺畅联通，推动形成更加紧密稳定的全球经济体系。

4. 绿色低碳循环发展是内在特征

随着全球气候变化的严峻形势，保护环境和发展经济已经成为世界范围内共同的任务。我国更是将建设绿色低碳循环发展的现代化经济体系定为坚持走中国特色绿色化发展道路的首要任务。绿色发展要求牢固树立"绿水青山就是金山银山"的理念，强调生态优先、环境保护，发展绿色经济，实现经济发展和资源环境相协调。低碳发展要求紧扣碳达峰、碳中和目标，发展低碳经济，构建清洁低碳、安全高效的能源体系和节能环保、清洁生产的产业体系。循环发展，要求注重资源高效利用和循环利用，发展循环经济，形成"减量化、再利用、资源化"的生产生活方式。

5. 人的现代化是未来本质要求

人的现代化是经济现代化的中心，也是经济现代化未来的要求。一方面，经济现代化的目的是满足人类社会需求，创造美好生活。另一方面，现代化的劳动力是现代化经济体系建设的动力源，例如，职业化的劳动力队伍、高精尖科技创新人才、复合型管理人才等。第三方面，保障劳动者的收入和分配是现代产业体系的基本要求。经济发展的直接作用之一就是增加劳动者的福利和收入水平，提升劳动者在产业体系中的地位。对于我国来讲，共同富裕是社会主义的本质要求，是中国式现代化的重要特征。我国的经济现代化建设要求必须坚持以人民为中心的思想，统筹兼顾效率与公平，注重缩小收入差距，满足人民日益增长的美好生活需要。

6. 安全稳定和制度完善是基础

现代化经济体系应该具备相对平衡的经济结构，能够实现相对平衡的发展态势，不会因经济周期波动出现不良影响，而且针对外界挑战和不利冲击，能够抗压和有效应对，稳定整个社会发展。我国现代化经济体系建设，要求统筹发展和安全，增强经济发展韧性，积极防范各种风险，保障粮食、能源、重要资源等初级产品供应安全，做到产业链供应链自主可控，牢牢守住国家粮食安全、能源安全、产业链供应链安全的底线。此外，现代化经济体系需要成熟的经济体制作保障，从而实现要素自由流动、企业优胜劣汰、竞争公平有序。

二、经济现代化与时尚产业的关系研究

时尚产业基本特点是两高两低，两高是指高附加值、高融合性；两低是指低消

耗、低污染，从这个角度看，时尚产业完全符合经济现代化的特征和方向，加之我国时尚产业基础和地位优势明显，时尚产业是我国经济现代化的领军者。

（一）时尚产业是我国经济率先实现向全球创新经济价值链中高端升级的领军者

1.时尚经济是创意经济的重要组成部分，是迈向创意经济的"主力军"

时尚产业作为创意经济的有机组成部分，其发展程度是衡量创意经济发展水平的重要标尺，并在国际经济、文化等各领域交流与合作中扮演重要角色。时尚作为民众生活方式的重要表征显现出强大的文化力，并逐渐渗透到经济领域，成为一种活跃的经济要素，是世界级城市群文化传播的核心元素。自从英国政府1998年正式提出"创意经济"的概念以来，发达国家和地区提出了创意立国或以创意为基础的经济发展模式，发展创意产业已经被发达国家或地区提到了发展的战略层面。巴黎、米兰、伦敦、纽约、东京世界五大时尚之都的时尚经济无不成为主导产业和经济支柱。

2.我国时尚产业在全球具有绝对优势，是我国参与全球竞争的"先锋队"

我国以纺织服装为代表的时尚产业历史悠久，市场规模庞大，长期以来是我国制造业的典型代表。我国是世界上规模最大的纺织服装生产、消费和出口国，是纺织产业链最完整、门类最齐全的国家。我国时尚产业已经形成完整的产业链，并且已在北京、上海、杭州、深圳、广州等多地形成数字时尚产业集群，整体正在向价值链高端攀升。产品设计能力、品牌竞争力与国际时尚之都的差距进一步缩小，甚至市场消费能力、供应链能力具备国际领先优势。当前我国正在积极出台配套政策，在"双循环"新发展格局下积极推动中国品牌走向世界，将培育国际大品牌和产业集群作为目标。

3.时尚产业具备高附加值特征，是实现我国在全球价值链升级的"生力军"

时尚产业是相对利润丰厚，销售规模较大，发展速度较快的产业。时尚产业作为一个高附加值、高创新性、高成长性的产业，具有较高的带动作用和产业效益，是目前最具发展潜力的新兴产业之一。

（二）时尚产业能够将实体经济更多地转化为生产力与消费力

1.时尚产业融合多产业门类，是产业集群的综合表现

时尚产业跨越制造业、服务业产业界限，涵盖文化、艺术、建筑、音乐、舞蹈、哲学、美学、创意等各种要素，涵盖出版、新媒体、影视、休闲娱乐、旅游、金融、地产等诸多业态，是产业集群的综合表现，尤其在研发设计、高端制造、品牌营销、供应链管理等高附加值环节，能够更多转化为生产力，对全球经济起到很

好的带动作用。2019—2023年，我国时尚产业依托强大的制造体系、完整的供应链及电子商务，表现出强大韧性，成为经济社会发展新的强劲动力。

2.时尚产业满足社会物质和精神需求，能够引领消费升级

时尚产业的天然属性之一就是满足人类社会对保暖、审美等物质和精神享受的双重需求，它把时尚和经济二者紧密地结合起来，能够更好地满足人民日益增长的消费需求，引领社会消费方向，为消费升级提供强大动力。随着经济社会的发展，消费者已经不仅仅满足于单纯购买产品物质属性和实用功能的一面，而是更加注重产品所能给人带来的精神属性和文化属性。时尚产业的融合性，又能撬动"时尚＋文创""时尚＋旅游""时尚＋智造"等多种产业发展和消费模式，创造新型消费业态，将更多实体经济转化为消费力。

三、北京时尚经济现代化发展成效

近年来，北京市不断优化市场环境和政策环境，大力引进具有世界影响力的前沿品牌展会、知名时尚秀展等高端活动，积极培育多元时尚消费场景，全力打造时尚文化新高地、时尚消费新阵地、时尚产业新基地、时尚生活新领地，大力发展夜间经济、时尚经济、"四首经济"等，积极培育时尚消费新业态新模式，全面建设具有首都特质、国际风范、文化活力的时尚之都。当前北京市正以国际消费中心城市和全球数字经济标杆城市建设为抓手，构建时尚经济发展新格局。

（一）首店经济提档提速

"首店经济"是指一个区域利用特有的资源优势，吸引国内外品牌在区域首次开设门店。"首店经济"极大限度地促使大批新品牌涌现，是激发商圈活力、赋能商业发展的重要动力，其外溢效应明显，对消费发展有积极带动作用，有利于促进城市消费升级、促进城市消费经济发展、塑造城市消费文化、推动城市商业转型升级和创新发展。自2015年被提出后，"首店经济"已成为北京、上海、南京、沈阳、长沙、杭州、苏州等多个城市提升城市商业魅力的重要举措。

北京市率先在国内出台引导政策，从1.0版本升级到3.0版本，加大资金投入，全力推进"首店经济"建设。自2021年全力推进国际消费中心城市建设以来，北京累计引进3177家首店，位居全国前列。《2022年中国首店经济高质量发展报告》显示，北京商业市场稳健发展，首店吸引力稳居第一梯队，仅次于上海，吸纳了一批网红餐饮及国际美妆香氛品牌；2022年北京新增品牌首店812家，位列第二。

随着国际消费中心城市的建设，北京"首店经济"呈现出欣欣向荣的发展态势，2023年北京市争取新引进国内外品牌首店800家左右，将加快构建"国际消费

体验区、城市消费中心、地区活力消费圈和社区便民生活圈"四级商业消费空间结构，首店经济提档提速。根据《北京培育建设国际消费中心城市实施方案（2021—2025年）》，到2025年，北京市将吸引国际国内品牌在京开设超3000家首店、创新店、旗舰店，将力争打造成全球首发中心。

（二）品牌经济如火如荼

品牌是企业、地域乃至国家竞争力的综合体现，代表着供给结构和需求结构的升级方向。新经济新常态，品牌已成为推动城市发展的重要战略资源和提升市场影响力的核心要素。强大的品牌集群已成为一个城市经济发达的特征和标志，越强势的品牌创造的价值在国内生产总值中的比例越高。一个品牌的价值越高，对全球产业链的主导力和控制力就越强。据中诚信品牌实验室统计，全球3%的国际品牌企业，占据了40%的国际市场份额。

北京在全国率先建立了政府优化环境、市场实施孵化的品牌孵化联动体系。早在2016年，中诚信发布的"中国品牌发展50强市"中，从品牌数量的城市分布看，北京占据144席，比很多城市高出几十倍，具有品牌强市风范，上海以57个品牌位居第二，深圳以49个品牌位居第三。经过多年的摸索，全市基本形成了以资本孵化为主要载体引导品牌发展、以基地试点为实验场景实施品牌培育的整体格局，呈现出以现象级品牌为引领、潜力级品牌为支撑、初创级品牌蓬勃涌现的新消费品牌发展态势。尤其是2021年以来，北京全力推进国际消费中心城市建设，高度重视品牌建设工作，已成为国际品牌首选地，累计引进首店3177家，居全国第一梯队；老字号品牌集聚地，223家北京老字号年度总营收规模近1300亿元；新兴品牌孵化地，在库本土新消费品牌超300个；此外，"北京消费季"每年带动市场主体开展促消费活动3000余项，品牌影响力持续扩大。

当前北京正值国际消费中心城市建设时期，也是本土品牌快速发展的黄金时期，北京将在"老字号+国潮""新科技+绿色""新设计+时尚""新零售+数字"四个领域重点着力打造国内外知名品牌集聚地、原创品牌孵化地，构建由市场充分主导、要素便捷流动、多方共同参与的新消费品牌孵化生态圈，未来品牌经济将成为北京面向国际的重要招牌。

（三）夜间经济方兴未艾

夜间经济简称夜经济，是指从当日下午6点到次日早上6点所包含的经济文化活动，包括购物、餐饮、旅游、娱乐、学习、影视、休闲等，是城市现代化水平、城市活力和消费繁荣程度的重要体现，是衡量一个城市经济发展水平、居民生活质量和投资环境的"晴雨表"。

北京市高度重视夜间经济发展，不断出台支持政策，强化顶层设计，自2018年推出"深夜食堂"，2019年印发《关于进一步繁荣夜间经济促进消费增长的措施》以来，夜间经济快速发展，并步入了以高质量发展为引导的新时期。北京市夜间消费需求旺盛，八成以上民众有夜间消费经历，夜消费已成为北京居民的常态化消费行为，消费内容相对集中，线上夜消费集中于网购和外卖，线下夜消费集中于餐饮、购物和观看演出。夜消费供给日益丰富，初步形成了以"夜京城"地标、商圈和生活圈为代表的夜经济集聚区。大栅栏、三里屯等夜经济地标，蓝色港湾、世贸天阶、簋街等夜经济商圈，上地、五道口等夜经济生活圈应势而起，夜经济基础设施和公共服务不断完善。

随着国际消费中心城市建设，为更好地满足人民群众品质化、多元化、便利化消费需求，北京市通过建立夜间经济协调推进机制、加大资金支持力度、策划夜间消费活动、培育特色街区和夜市等，促进夜间经济消费增长，夜经济方兴未艾。

夜京城地标、商圈、生活圈

地标：在前门大栅栏、三里屯、国贸、五棵松打造首批4个"夜京城"地标，分别围绕古都风貌、活力时尚、高端引领、跨界融合等主题，大力发展具有创新引领和品牌吸引力的夜经济消费业态，吸引国内外消费者。

商圈：在蓝色港湾、世贸天阶、簋街、合生汇、郎园、食宝街、荟聚、中粮·祥云小镇、奥林匹克公园等地，打造首批"夜京城"商圈，形成"商旅文体"融合发展的夜经济消费氛围，提升夜经济消费品质，辐射热点地区消费者。

生活圈：在上地、五道口、常营、方庄、鲁谷、梨园、永顺、回龙观、天通苑等区域，培育首批"夜京城"生活圈，提升基础设施和配套服务，便利居民夜间消费。

四、北京时尚经济高质量发展的对策建议

北京市时尚经济应持续加强产业集群化建设，增强品牌影响力，强化创意设计和研发等高附加值环节，通过数字化赋能，建设多元化宣传渠道，营造时尚经济文化，打造全球时尚经济高地，推进时尚经济高质量发展。

（一）加强时尚产业集群建设

深入推进时尚产业强链、固链、补链，促进北京时尚产业集群化发展，积极搭建产业平台，促进产业链上下游企业供需无缝对接。积极培育"链主"企业，增强

辐射带动作用，完善产业配套服务体系和资源要素保障能力。加快构建时尚产业数字化平台、时尚科技创新、时尚产业金融、人力资源协同发展的产业体系。鼓励多元社会力量参与，加强政府政策引领，支持行业协会、企业、高校积极参与，通过市场化运作，整体推进时尚产业集群建设。打通产业链创新链，构建产业链纵向贯通、横向跨界融合、创新和资金协同的产业生态系统，全面深度融入全球数字时尚产业创新链、供应链，提升价值链环节，向全球时尚经济第一梯队进发。

（二）提升产业创新和设计能力

创新是产业升级第一动力，国内外经验表明，创新是国家时尚产业发展的关键引擎。北京市要依托国家科技中心优势，加快布局数字时尚产业的国家创新平台，培养时尚产业创新研发机构，推动数字智能化、绿色环保等关键技术及装备的研发与应用，进一步完善产学研合作体系，提升时尚产业自主创新能力。做强时尚产业链，重在创意设计链。北京市要发挥既有优势，抢抓机遇，全面整合资源，培育拓展时尚创意、研发设计、总部管理等高价值产业环节，形成专业集中度高、科技融合度高、品牌转化率高、资源整合力强的时尚消费高地。

（三）增强时尚品牌影响力

打造一批国际化时尚发布平台，开设一批具有影响力的时尚创意设计机构，引进、培养一批时尚设计师、商业策划人、国际化知名买手等时尚创意设计领军人物。全面提升中国国际时装周、北京时装周、首发节等活动的影响力，打造"时尚潮悦动""文创新消费""国潮老字号""数字高科技"四类全球首发中心。全面提升品牌聚集力，重点围绕服装服饰、化妆品、金银珠宝、运动健康、文化创意、智能穿戴、国潮老字号等领域，打造一批领军企业；在朝阳等时尚产业重点承载区，探索实施产业发展先行先试政策，打造一批集办公、设计、仓储、展示、销售、直播等功能于一体的时尚产业示范园区。扶持本土品牌国际化发展，塑造一批有影响力的时尚科技品牌和专业服务品牌，培育具有国际影响力的世界级本土品牌和引领时尚潮流的设计师品牌。

（四）数字赋能促进智能化升级

促进时尚产业和数字经济融合发展，大力发展数字时尚产业，推进时尚产业数字化转型，打造一批具有全球影响力的数字时尚产业高地。一是加强对具备国际竞争力的数字时尚企业的支持，增强龙头带动能力；二是通过税收优惠、金融支持、财政补贴以及领军人才引进等手段，重点培育一批数字时尚"隐形冠军"企业；三是鼓励时尚企业提升自身的数字化创新和研发能力，提升数字化供应链管理能力，提升数字化商业运营能力，最终形成龙头带动、细分配套支撑的数字时尚企业发展格局。

（五）建设立体营销渠道营造氛围

加强国际交流合作，建设一批国际时尚潮流发布平台，支持国内外知名品牌来北京举办展览及新品发布会，引进、培育具有国内外影响力的专业时尚营销机构，向全球传播北京时尚，全面提高北京时尚的辨识度和影响力。顺应新潮流、新趋势的时尚消费升级，鼓励品牌企业和时尚商圈大力创新布局线下营销网络的同时，积极探索各类线上营销渠道和各类数智化营销工具，运用数字化产品和工具传达品牌价值、优化客户体验，构筑北京时尚传播新力量，营造时尚经济文化。

（李虹林　中咨投资管理有限公司）

参考文献

［1］唐家龙. 现代产业体系的内涵与特征——基于现代化与经济现代化视角的考察［C］//中国科学学与科技政策研究会. 第六届中国科技政策与管理学术年会论文集.［出版者不详］，2010：9.

［2］黄群慧. 新时代中国经济现代化的理论指南［J］. 理论导报，2021（10）：12-17.

［3］黄汉权. 把握经济体系现代化的内涵和要求［EB/OL］. 中国经济网，2022-06-07.

［4］刘卓澜. 挖掘消费潜力北京要打造特色品牌矩阵［N］. 北京商报，2023-07-05.

第四章　文化现代化与北京时尚产业发展研究

一、文化现代化的内涵与特征

（一）中华优秀传统文化是中国式现代化的文化沃土和思想根基

中国式现代化进程汇聚了中华优秀传统文化以及党领导人民在革命、建设、改革中创造的革命文化和社会主义先进文化，并吸收和借鉴了世界各民族优秀文化成果，拥有独特的文化标识与精神特质，不断以新的思想内涵、时代内涵和文明内涵回应人类实践的大逻辑，从而为中国式现代化把握时代和塑造时代注入精神动力。可以说，中华优秀传统文化为现代化在中国生根开花结果提供了肥沃的土壤，中国式现代化激活了中华优秀传统文化的精神基因，使其现代价值得以彰显。

（二）文化现代化为中国式现代化提供智慧支撑

五千多年来，伟大的中华民族孕育了特有的文化习俗与民族风貌，形成了独一无二的文化价值体系，影响着世代中华儿女的世界观、人生观和价值观。例如，强调"仁、义、礼、智、信"的儒家文化渗透到人们的学习、工作、生活、社交之中，无一不体现着礼仪涵养与家国情怀；强调"天人合一、宇宙万物的本源和自然之道"的道家文化对我们在处理人与自然的关系上具有一定的参考价值，即"建设生态文明，是关系人民福祉、关乎民族未来的长远大计"；强调"慈悲智慧"的佛家文化重视众生平等，对调整人们社会行为规范起到一定的推动作用。这些优秀传统文化蕴含的价值思想经过沉淀，与人们在生产生活实践中相结合，与积累的社会观、道德观与科学社会主义价值观主张具有高度契合性，形成了现代化的文化理念指导实践，是中华文明的智慧结晶、中国式现代化道路的文化瑰宝。

二、北京城市文化内涵与文化现代化的要义

（一）北京城市文化的具体表现

1.古都文化

北京有着三千多年的古都历史，古都文化在城市保护更新中发挥着重要作用，

赋予时代建设以基底和文脉。中轴线、鼓楼、胡同等建筑承载着深厚的历史价值和文化内涵,与我国延续数千年的古都发展史一脉相承。万里长城、大运河、永定河承载了北京"山水相依、刚柔并济"的自然文化资源和城市发展记忆,是北京文化脉络的精华所在;历经千年形成的古都城市营造体系,是我国古代社会政治、文化与都城建设思想的有机统一,也是中华文化孕育的文化成果。

2. 红色文化

红色文化是首都文化的核心和灵魂。马克思主义从北大红楼开始传播,卢沟桥事变吹响全民族抗战的号角,香山革命纪念地见证党领导人民解放全中国的伟大胜利。北京深刻见证了党领导人民在"两个结合"中不断开辟马克思主义中国化时代化新境界的伟大进程,见证了党的科学理论引领中华民族从站起来、富起来到强起来的实践伟力。由此,丰富厚重的红色文化是首都北京最鲜明的底色。

3. 京味文化

北京在城市孕育过程中形成了风格鲜明的京味文化,游览老北京胡同、听京剧、品尝北京烤鸭已经成为来京游客备受推崇的体验项目。近年来,北京不断重视传统京味文化的保护与弘扬,修缮恢复了多处老建筑,尤其是"老城保护"让胡同街区重焕活力,成为社区居民的休闲空间和外地游客体验北京传统文化生活的热门选择(图4-1)。

图 4-1　改造后的新市区泰安里

图片来源:中新网北,中新社记者杜燕供图

4. 创新文化

北京历来是党的重大理论创新的策源地、哲学社会科学前沿思想的研究高地,其城市文化的要义之一就是创新。自中华人民共和国成立以来，特别是改革开放以来，北京在经济发展、科技进步、城市建设、社会管理等方面取得的成效无一不与北京人民观念创新、体制和机制创新、科技创新、文化创新紧密相连。近年来，北京打造"博物馆之城"，构建"书香之城"，不断弘扬科学精神，提升市民文化素养，是建设具有国际竞争力的创新创意城市的生动实践。

（二）北京文化软实力建设与文化现代化的意义

1.文化软实力是推进北京率先基本实现社会主义现代化的重要驱动力

在工业时代，以经济实力为代表的竞争力是衡量城市发展水平的最重要指标之一，进入后工业化阶段以来，随着以现代服务业为代表的第三产业占城市经济结构比重不断提升，文化软实力、文化凝聚力、文化产业发展指数等成为城市竞争力的重要体现，是支撑社会经济高质量、可持续发展的强有力支撑。全国文化中心是北京"四个中心"功能定位之一，把首都文化优势转化为首都发展优势，让文化软实力在推动高质量发展中彰显能量，已经成为推进北京率先基本实现社会主义现代化的重要驱动力。以文化现代化建设助力北京"四个中心"建设，既符合首都功能定位，也符合广大市民的实际需求。

2.文化现代化是北京推进全国文化中心建设的必然要求

中国式现代化是物质文明和精神文明相协调的现代化，能促进全体人民精神生活共同富裕，促进人的全面发展。首都既是一个地理区域，更具有政治属性。地理区域体现为"城"，政治属性表现为"都"。围绕"都"的功能谋划"城"的发展，以"城"的更高水平发展服务"都"的功能，是首都工作的要义。北京的文化现代化建设和其他城市文化建设既有相同之点，又有其独特之处，在推进全国文化中心建设中具有重要意义。

三、北京传统文化与时尚产业融合发展现状

（一）以时尚与文化建设赋能首都高质量发展的探索实践

北京按照"四个中心"城市战略定位，确定全国文化中心建设总体框架，同时发挥融合思维，不断探索传统文化与时尚产业的跨界创新。

1.传统文化和时尚业态融合激发北京消费新活力

在传承京味文化的基础上，北京不断推动时尚消费与文化旅游等业态相融合，打出组合拳，激发不同年龄群体的消费潜力与活力。近年来，北京以"老景区的新玩法""老地标的新场景"为突破点，在历史古迹、文化景点、地标建筑的活化利用与时尚氛围植入上下功夫，通过更新城市地标，植入丰富多彩的文化体验互动，

深挖新型消费业态潜力，扩大消费需求，着力打造国际消费中心城市。

北京市商务局的数据显示，2023年1—5月，北京市场总消费额同比增长8.9%，其中，服务性消费额同比增长11.2%。此外，根据同程旅行发布的《2023暑期出行前瞻报告》，2023年暑期，北京跻身国内热门出游目的地前三名，日均约接待1200个旅行团；从游客年龄结构看，"80后""90后"群体占比超过一半；故宫、天坛、国家博物馆、梅兰芳旧居等正在吸引着越来越多的年轻人前往游玩体验。这些名胜古迹与文物院落通过修缮与活化利用，带动了周边消费，兼具颜值与内涵的网红打卡地让这些拥有时代厚重感的文化景点焕发新的生机与活力。

2. 多点发力、多措并举创新北京国际时尚之城建设

自《北京培育建设国际消费中心城市实施方案（2021—2025年）》发布以来，各区多措并举，出台多项涉及时尚消费的政策措施，包括引导时尚消费理念、激发时尚消费需求、提升时尚消费供给、拓展时尚消费空间及营造时尚消费环境等，扩大引领首都消费，培育首都经济增长点的新引擎。

例如，朝阳区提出打造"24小时不眠城区"，重点打造CBD千亿规模国际级商圈，利用三里屯地区潮流、多元、国际化优势，举办三里屯国际周、文化论坛等一系列活动，优化时尚商圈业态和品质，打造全市文化消费的示范性窗口。海淀区紧密结合北京城市总规、国际消费中心城市建设、城市更新等中心工作，2022年全年累计引入各类首店46家，推进五棵松商圈数字化建设，培育多元业态网红打卡地、"沉浸式"互动体验商业模式，新建了50个便民服务网点，不断强化供给能力，激发区域经济发展活力。西城区统筹多方出资近千万元，依托"西城消费"等平台上线各类消费券，实现科技赋能、场景多元、双线融合、同步发力。东城区支持购物中心在消费体验和消费触达方面的综合应用，扩大数字人民币线下消费应用试点。

（二）北京传统文化与时尚产业融合发展成效

1. 老字号邂逅现代设计，京味融合国潮艺术大放异彩

近些年，众多北京老字号时装品牌都将"非遗"元素运用于产品设计中，传递京味文化自信。例如，京工服装集团有限公司旗下"雷蒙""伊里兰""宫溢"三大品牌在北京时装周发布会上，以京味元素为特色，将季节表达融入服装设计。其中，"宫溢"女装高级定制产品将传统"非遗"京绣元素运用于服装、服饰，绣工精巧，图案华美；拥有81年历史的西服老字号"雷蒙"，则继承红帮技艺，在面料、颜色、装饰效果上不断推陈出新，用创新的表达方式在秀场上绽放异彩；"伊里兰"品牌以冰雪概念及蓝白色调完美演绎冬季，"逆光雪舞"系列运用多种材质拼接对比，增强层次感和时尚指数。

除了传统服装服饰品牌，一些老字号食品纷纷转型，在店面设计、产品研发、

市场营销等环节主动创新，注入时尚元素，在留住老顾客的同时吸引了大批年轻消费者，成为国民新晋网红。例如，老字号北冰洋的全新体验店"北平制冰厂"在海淀区落成，店铺除了上架北冰洋汽水饮料，还有果茶、奶昔、酸奶、老式冰棍、文创雪糕等产品销售，在吸引具有怀旧情结的中年人基础上，凭借新式食品网罗了大批年轻消费者，店门口憨态可掬的冰冰熊造型也迅速成为网红。为顺应消费形势变化，北京稻香村在不同城区开设了"零号店""南城生活店""东城食尚店""西单拾味店""朝阳时光店""西城山水店"和"工厂店"等特色门店，还推出了枣花酥、牛舌饼抱枕等多款文创爆款商品，将京味与城市记忆融为一体，迅速出圈。

2.奥运文化与时尚融合，体育消费新场景纷纷涌现

北京充分利用"双奥之城"名片，做好后冬奥时代文章，开启构建产业发展新格局的加速度。例如，为推进户外时尚体育运动高质量发展，激发户外运动市场活力，朝阳区举办了时尚户外运动消费季活动，展现"双奥朝阳"魅力。2023年"双奥之城·骑IN潮阳"系列骑行路线以奥运、绿道、时尚园区三条特色线路为依托，展现博物馆之城、阅读之城、艺术之城、双奥之城、时尚之城。石景山区在设施、环境、文化和产业等方面努力用好冬奥遗产，首钢滑雪大跳台作为北京冬奥会的重要场馆遗产向公众开放，已成为游客参观游览的打卡胜地和多种活动举办地。2023年以来，冬奥公园已先后承接了2023北京永定河马拉松、2023年北京体育大会、奥林匹克日庆祝活动等20余场赛事活动，不断擦亮石景山"双奥之区"的金名片。

3.数字技术赋能文化产业，元宇宙成为时尚新赛道

近年来，北京落实国家文化数字化战略，坚持"科技为文化赋能，文化为城市赋能"的发展思路，积极培育文化新动能新业态。随着数字技术全面赋能文化产业，数字文艺作品应运而生，"线上演唱会""线上剧场""线上音乐会"等层出不穷，推动着北京文化产业现代化发展。2022年，北京人民艺术剧院建院70周年院庆活动线上直播观看量破亿；奥林匹克公园音乐季在多个平台同步直播，共有995.52万观众通过网络直播进行了实时观看，线上总观看人次创历届奥林匹克公园音乐季新高。这种创新的演艺形式打破了传统文化演艺产业格局，重塑数字文化产业生态，同时也催生了元宇宙、人工智能、物联网、区块链和大数据等领域的发展空间。

作为北京国际科技创新中心和全球数字经济标杆城市建设的重要组成部分，东城区出台了《东城区加快元宇宙产业高质量发展行动计划（2023—2025年）》，依托故宫—王府井—隆福寺文化金三角、东城园国家文化和科技融合示范基地等空间，落地建成十大元宇宙示范应用场景项目，培育元宇宙与文化、旅游、商业、城市服务等领域虚实融合发展模式，把元宇宙产业发展与数字经济赋能服务业转型升级。朝阳区在元宇宙应用场景建设上也有新举措，发布了七大元宇宙应用场景，包

括工体元宇宙、SOLANA 蓝色港湾元宇宙、人民党建云、党建元宇宙、凤凰中心元宇宙、中信银行金融元宇宙、泡泡玛特城市乐园与通盈中心商业元宇宙等，覆盖商业、文化、旅游、党建、金融等领域。

（三）存在问题

近年来，北京始终以大力推进全国文化中心建设为抓手，推动文化产业实现质量变革、效率变革、动力变革。时尚产业作为北京文化创意经济的重要组成部分，产业规模持续扩大，结构不断优化；时尚核心领域优势明显，内容创作、设计及相关服务等环节创收逐年提高。但与全球知名时尚之都相比，北京在跨界融合能力与创意内容建设方面还有一定欠缺，本土时尚品牌的文化推广策略需要优化，高质量文化作品与时尚精品数量有待扩展，城市文化品牌的国际竞争力亟待提升。因此，需要坚持融合创新理念，大力实施"文化+"战略，积极培育文化与时尚融合新业态、新模式，为推进全国文化中心建设注入新动能。

四、北京传统文化与时尚产业融合发展路径

（一）坚持以人民为中心，以高品质的文化供给满足市民时尚消费需求

（1）要加快建立并完善有利于文化创作的服务工作机制。以国际消费中心城市建设为牵引，在时尚产品设计、文化剧目创作、演出空间设计、市场宣传推介等多个环节全面发力，把对文化艺术的创作热情转化为驱动力，将优质要素资源转化为生产力。

（2）加快推进重大设施项目建设，力争公共文化设施实现市、区、街道、社区四级 100% 全覆盖。以"书香京城""博物馆之城"建设带动公共文化服务提质增效，有力扶持、有效引导，探索文化场馆社会化运营，推动实体书店、博物馆联动基层文化中心，努力构建普惠性、高质量、可持续的城市公共文化服务体系，推动公共文化设施从场所到场景、从设施到服务、从智能到智慧的深刻变化。

（二）抢占文化创新制高点，以数字化战略促进时尚经济高质量发展

发展文化产业，关键在于创新。当前，北京文化产业增加值占地区生产总值比重已超过10%，全国文化中心地位进一步巩固。未来要抢占文化创新的制高点需做到以下几点。

（1）要深入实施文化数字化战略，发挥元宇宙、大数据、人工智能、区块链等技术优势，通过政产学研协作、专家智库建设，集合顶尖设计团队、龙头企业的群

策群力，让数字技术有效落地，推动数字阅读、文化网络视听、电子竞技等新兴业态蓬勃发展。

（2）要积极推动数字技术在时尚行业的应用。从文化创新的相关实践看，创意设计、数字化生产、产品市场推广服务等重点领域正在经历从"互联网+"到"人工智能+"的过渡，无论是内容创作还是产品落地都需要借助人工智能技术实现供需匹配。基于此，在京企业要充分认识到图像识别、数据挖掘等核心技术对文化创意产业及时尚设计领域成果转化的推动作用，将商业化的大数据、人工智能服务广泛应用于全产业链环节。

（3）要充分依托大数据平台生产时尚创意内容。北京应大力推进时尚产业数字化转型的公共服务体系建设，打造时尚科技产业空间及数字化示范工程。依托处于高质量发展阶段的大数据平台，为时尚企业和设计师提供流行趋势预测、设计赋能、款式智能推荐，并向产业链下游拓展，助力北京老字号服装品牌承接流量和变现。

（三）丰富传统与现代文化体验，以标志性时尚品牌增强城市文化吸引力

（1）要全力建设北京现代化文化产业体系和市场体系，打造全球知名的北京特色文化IP体系。在文化业态培育、政策保障、时尚园区建设等方面发力，重点支持文化创新、内容创作与输出，围绕文化传承、时尚创作与传播、文化交流与合作、文化与科技融合发展等重要议题，联合在京院校、智库积极探讨新时代文化建设思路举措，为推进全国文化中心建设汇集各方智慧、凝聚强大合力。

（2）打造时尚文化消费惠民新平台，尽最大可能满足市民的精神文化需求。以科技赋能文化公共服务，加快启动数字人民币文化惠购活动，在全市范围内面向市民发放数字人民币红包，用于购书、观影、旅游、赏演、看展等领域的时尚消费场景。构建"线上推广精彩纷呈、线下活动亮点频出"的服务格局，做好服贸会、时装周等活动线上线下同步举办，联动全市分会场走近市民身边，提升公共文化服务效能。

（3）办好重大、重点时尚文化节庆，推进文化旅游和时尚产业融合发展，打造独具北京特色的文化旅游目的地，形成"网红打卡地""后冬奥时尚体育小镇"等文旅新品牌。继续办好奥林匹克公园音乐季、"大戏看北京"等彰显北京城市文化影响力的活动，面向来京工作者、研学团等不同群体打造"来京职工文体节"、合唱节、"舌尖上的'非遗'"等定位各异的文化活动，为北京打造众多特色鲜明的时尚文化景观。

（四）坚持守正创新活化利用，促进历史文化与现代生活有机交融

（1）以北京中轴线申遗带动老城整体保护，加强大运河、长城、西山永定河三

条文化带建设，完善协同保护、协同利用、协同宣传机制，彰显北京历史文化的整体价值。在会馆、名人故居等老城腾退空间优先引入新型文化业态，推出"会馆有戏""非遗"体验、文创市集等品牌，让不同业态有机交融。

（2）以艺术设计助力乡村振兴，打造物质富裕、精神富足的人文城市和美丽乡村。聚焦生物设计、生态文明设计、新材料设计、可持续设计等学科方向，为在京院校设计专业师生创建实践学习平台；依托特色农业资源，升级传统休闲娱乐体验项目，植入创意时尚元素，打造乡村文化新景观和消费新场景。

（3）作响"老字号"金字招牌，将"网红"效应转变成"长红"生存优势。北京老字号承载着传统文化，老字号品牌既要继承传统，又要开放创新，无论是传统服装服饰还是餐饮都需要对品牌故事、产品特色等进行定向推广，在营销渠道方面精进开拓、融入年轻消费者的日常生活，打开百年老字号多元化发展的新格局。

（五）加强文化创意孵化转化，在国际传播格局中塑造新时代北京形象

（1）要提升文化创意孵化与转化能力。加快培育遗产数字化、时尚新媒体等新业态，形成文化服务业孵化基地；依托高校科研院所，重点围绕创意设计、可再生材料、数字资源等领域进行产学研成果转化。结合在京高端人才培养及公共平台服务，孵化创新型企业，改革深化产学研传统合作模式，打通技术从创新到转化的"最后一公里"。

（2）提升北京文化产业集群效应，进一步做大做强时尚文化品牌。要注重行业领军型时尚企业发展，着力打造一批核心竞争力强、品牌效应明显、市场占有率高的行业领军型文化创意企业。同时，注重小微型文化创意产业的发展，加快培育一批"精、细、新、特"的小微型文化企业，推动形成文化创意产业的"集约化发展"格局，进而形成大型企业"支撑引领"，中小微企业"燎原之势"的市场格局，打造文化创意产业的集群效应。

（3）讲好北京故事，更好发挥传播交流功能。作为全球首个也是唯一的"双奥之城"，北京未来应讲好"双奥之城"故事，突出老北京新气象、老胡同新生活，做好新京味文化创新、国潮艺术推广、文化地标展示等工作，展现新时代北京的首都风范、古都风韵、时代风貌。

（刘雅婷　北京服装学院时尚研究院）

参考文献

［1］颜晓峰. 从"四个自信"看中国特色社会主义文化［J］. 前线，2018（5）：47–51.

［2］喻立平. 共产主义使中国人民从精神上由被动转为主动［J］. 前线，2018（3）：111.

［3］孔繁峙. 北京中轴线的历史文化意义［J］. 北京观察，2017（10）：12–15.

［4］颜晓峰，常培育. 论建设马克思主义学习型政党的首要任务［J］. 中国井冈山干部学院学报，2010，3（1）：20–25.

［5］李建平，谭烈飞，马建农. 北京精神与文化［M］. 北京：经济科学出版社，2012

［6］邢华. 推动京津冀优势互补高质量发展［J］. 前线，2020（3）：61–64.

第五章　产业现代化与北京时尚产业体系研究

　　产业现代化是世界各国推动国家进步发展的必由之路，在不同时期有不同的发展目标与任务。建设现代化产业体系是我国当前推进产业现代化的主体任务，也是实现建设社会主义强国，推动中华民族伟大复兴的重要举措。建设现代化产业体系是一项全面、深入、长期的庞大工程，需要从激发产业内部活力，营造外部优良发展环境进行整体部署。从产业内部看，要提高资源配置效率、推动产业结构优化调整，持续扩大产业发展空间，加强产业发展支撑，大幅提升产业价值水平。

　　北京时尚产业规模庞大、类型丰富，具有坚实的发展基础，近年来保持了持续增长的良好态势。目前，其产业结构仍处在快速调整变化的过程中，数字化、科技化发展迅速，产业布局随着城市功能升级不断调整优化，相关产业政策也日趋完善。但是相较于北京作为中国首都的地位，相较于全国人民的向往与期许，相较于纽约、巴黎、伦敦等其他国际时尚都市，北京时尚产业发展还存在一系列的不足。北京应立足于发扬传统和民族文化，优化产业资源配置，深度融合全球时尚，依靠科技赋能、区域合作，构建具有自身特色的现代化时尚产业体系，推动时尚产业向优质、高端化方向不断迈进，引领全国时尚产业走向国际舞台中心。

一、产业现代化的内涵与特征

　　产业现代化发轫于18世纪后期的工业革命，并随着工业生产力成为推动人类社会发展的基本动力而日益受到各国重视，相关理论研究也更趋深入。全球各国的产业现代化因各自的发展环境、基础、条件不同，形成了不同的发展模式和特色。综合来看，不管走什么模式的发展道路，产业现代化对国家、社会发展都起到了主体性的推动作用，可以说产业现代化是国家现代化的物质基础、根本动力和决定性因素。

　　我国在产业发展遇到资源、环境、市场等突出问题后，开始实施产业转型战略，明确要走新型工业化道路，加大了转变产业发展方式和优化产业结构力度，先后提出促进低端产业向中高端升级、推进产业数量型发展向质量效益型发展、培育战略性新兴产业，以及促进"两化"融合，大力实施科技创新和绿色改造等举措。

在党的十九大报告中，首次提出了要重视构建"产业体系"，"十四五"规划更将其升华为"现代产业体系"并对具体要求和着力点作了详细定义，而二十大报告则将其正式凝练和定义为"现代化产业体系"，并对中国在今后一段时期内加快推进现代化产业体系的核心任务和工作重点作了具体部署。

当前，高质量发展已成为全面建设社会主义现代化国家的首要任务，而建设现代化产业体系是推动高质量发展的重要举措。产业是经济建设的核心，产业兴则经济兴，产业强则经济强。我国当前仍面临着产业层次较低、质量效益不高、环境污染严重、区域发展不平衡等突出矛盾和问题。只有通过构建现代化产业体系，才能推动产业结构由中低端迈向高端，经济发展由中高速增长迈向高质量跨越式发展，为经济社会实现高质量跨越式发展注入强大新动能。因此，加快构建现代化产业体系是我国转变经济发展方式、破解经济发展难题、推动经济高质量发展的迫切要求。

建设现代化产业体系是需要全方位推进的战略举措，应该从产业内部动力、外部保障整体发力。其中优化产业结构、完善产业链、强化科技创新支撑、推进国际开放合作等是不可或缺的核心内容。

（一）产业结构优化升级

产业结构优化升级是指通过调整变动产业间的相互关系，促进资源的优化配置，实现产业结构合理化、产业结构高度化的系列措施和动态过程。其中，产业结构合理化是指在现有资源条件和技术水平的约束下，调整与现有经济发展水平不相适应的产业结构，根据现有需求结构和技术水平等条件科学配置生产要素，使产业间和产业内部的要素布局趋于合理化的动态调整过程；产业结构高度化是指一国的主导产业和支柱产业通过持续创新和科技进步，使少数产业实现技术集约化程度提高和效率提高，进而带动相关产业发展，实现产业演变到更高层次、产业结构整体素质提高的动态调整过程。产业结构合理化和产业结构高级化之间是相互联系、相互影响的关系。产业结构合理化是产业结构高级化的前提条件，如果产业结构长期处于失衡状态，就不可能有产业结构高级化的发展；产业结构高级化是产业结构从一种合理化状态上升到更高层次合理化状态的发展过程，因此产业结构高级化是产业结构合理化的必然结果。

产业结构优化的原则是促进产业间协调发展和提升产业效率，优化的目标是资源配置最优化和宏观经济效益最大化。当前要实现我国产业结构的调整和优化升级，首先，是要利用高新技术尤其是信息技术和现代科技成果推动现代制造业的发展，全面提高制造领域的经济效益和产业竞争力。其次，要以技术进步促进现代服务业的发展，重点发展科技含量高和劳动生产率高的现代服务业，使之成为促进经济增长和产业结构优化的主要推动力之一。最后，要加快转变经济发展方式，推动技术创新与管理创新，使高新技术和现代管理制度在现代服务企业和现代制造企业中广泛运用，从而使现代服务业和现代制造业成为生产率得到迅速提高、管理能力得到迅速提升、劳动者素质和产业国际竞争力得到迅速增强的现代新兴产业部门。

（二）产业链的完善

产业链是指各个产业部门之间基于一定的技术经济关联，并依据特定的逻辑关系和时空布局关系客观形成的链条式关联关系形态。产业链着眼于发挥区域比较优势，借助区域市场协调地区间专业化分工和多维性需求的矛盾，以产业合作作为实现形式和内容的区域合作载体。

1. 完善产业链对国家经济发展具有重大意义

（1）可以增强企业竞争力。产业链发展水平的提升可以促进企业之间的合作与协调，提高生产效率和产品质量，从而增强企业的竞争力。

（2）可以提高就业率。产业链发展水平的提升可以创造更多的就业机会，提高就业率，促进社会稳定和发展。

（3）可以促进经济增长。产业链发展水平的提升可以促进产业结构升级和优化，推动技术创新和产业转型升级，从而促进经济增长。

（4）可以提高国际竞争力。产业链发展水平的提升可以提高企业的国际竞争力，增强经济实力和国际地位。

（5）可以促进可持续发展。产业链发展水平的提升可以促进资源的合理利用和环境保护可持续发展。

2. 产业链的特征

当前，我国的产业链具有如下总体特征。

（1）品类齐全、规模庞大。我国目前已经建成了门类齐全、独立完整的制造业生产体系，拥有世界上最为复杂完整的各类制造产业链条。在世界500种主要工业产品中，中国有超过四成产品的产量位居世界第一。

（2）融入全球供应链，世界工厂地位凸显。自2001年加入世贸组织以来，中国制造快速发展，已经一跃成为"世界工厂"，制造业中间品贸易在全球占比约为20%。

（3）制造业实力提升，中高端竞争压力增大。我国高技术制造业、装备制造业的比重快速增长，制造业供应链升级的核心是从价值链的中低端向中高端迈进，开始挤占西方发达国家高端制造业的市场。

（4）各行业供应链的约束条件不同，在风险抵御能力上差异性大。从行业资源特点来看，劳动、资本、土地、技术密集型行业分别受到相应要素的正常供给的影响；从产品需求弹性来看，产品需求弹性较大的制造业相比于需求弹性较小的制造业的抗风险能力大。

（5）产业链条越长，供应链越复杂，越容易受到不确定性因素的冲击，恢复正常生产活动的周期越长。第六，制造业的产业集群特征明显。我国制造产业多集中在县乡区域，以"一县一品、一乡一业"集群式发展为主，相关供应链容易受到地区性产业政策和地区性风险冲击的影响。

面对新变局、新挑战，着力提升产业链供应链韧性和安全水平，形成具有自主可控、稳定畅通、安全可靠、抗击能力强的产业链供应链，在关键时刻不掉链子，事关经济发展大局，党的二十大报告明确提出要"着力提升产业链供应链韧性和安全水平"。我国需要把握新一轮科技革命和产业变革新机遇，切实保障我国产业链供应链安全稳定，同时深化产业链供应链国际合作。顺应产业发展大势，推动短板产业补链、优势产业延链，传统产业升链、新兴产业建链，增强产业发展的接续性和竞争力。

（三）科技创新支撑

科技创新是指在基础研究、应用研究和产品研究等多个方面，创新出具有原创性、实用性、经济性和社会价值的新技术、新产品、新材料、新工艺等，使之成为现代化产业体系发展的先导和引领者。建设现代化产业体系，需要不断推动科技创新。在不同时期，科技创新对产业体系建设均能起到重要的推动促进作用。在前期，科技创新可以有效提升产业的核心技术和关键产品的研发能力，推动产业结构优化升级，提高生产效率，降低生产成本，增强产业竞争力。在中期，科技创新可以进一步推动整个产业的技术进步和创新能力，使之进一步优化产业布局和结构，形成一批拥有核心技术、知识产权保护完备，符合市场需求，具有国际竞争力的龙头企业。在后期，科技创新将成为现代化产业体系可持续发展的重要保障，实现从"跟跑"到"领跑"的全面跃升。

在具体实践中，建设现代化产业体系需要发挥不同主体的作用，共同推动科技创新。首先，需要加强政策引导，提高政策的前瞻性、引导性和灵活性，鼓励和支持各类科技主体，特别是科研机构和高科技企业开展具有前瞻性和创新性的科研项目。其次，需要创新体制机制，营造良好的投资环境和科技创新氛围，加强各方面合作和协同，利用市场机制、平台和资源进行大规模的科技创新。最后，需要推动科技人员培养和知识产权保护，实现技术创新和知识产权紧密结合，保障科技创新经费安全，并为科技人才提供有利的人才发展环境。

党的二十大报告明确指出："必须坚持科技是第一生产力、人才是第一资源、创新是第一动力，深入实施科教兴国战略、人才强国战略、创新驱动发展战略，开辟发展新领域新赛道，不断塑造发展新动能新优势""以科技创新为引领，加快传统产业高端化、智能化、绿色化升级改造，培育壮大战略性新兴产业，积极发展数字经济和现代服务业，加快构建具有智能化、绿色化、融合化特征和符合完整性、先进性、安全性要求的现代化产业体系，做强做优现代能源产业集群。"

（四）国际开放合作

20世纪80年代以来，通信、航运技术的进步带来通信成本、运输成本的显著下降，世界产业分工从产业间的水平分工转向产业内、产品内的垂直分工。各个国家按照资源禀赋参与到价值链相应环节的分工，由此形成各国间"你中有我，我中有你"的相互依赖关系。尽管近年来国际地缘政治变化推动产业链价值链从效率优先转向效率与安全并重，发达国家和跨国公司推动供应链多元化、本土化和近岸化，但开放仍是当今世界的大趋势，建设现代化产业体系必须坚持开放合作。

对于我国来说，坚持与提升国际开放合作具有多重重大意义。首先，我国的产业技术水平总体上仍然低于发达国家，在许多产业链环节存在短板和弱项，只有积极参与国际分工，才能整合全球最优资源、生产出最具竞争力的产品。其次，我国发展战略性新兴产业、培育未来产业，只有通过开放合作形成世界各国的合力，才能加快技术迭代升级和市场规模的扩大。最后，扩大对发达国家的出口、深入推进"一带一路"国际产能合作，为我国产业发展拓展更大的市场空间。

党的二十大提出，要"推进高水平对外开放，稳步扩大规则、规制、管理、标准等制度型开放"。在当前的国际环境中，构建以国内大循环为主体、国内国际双循环相互促进的新发展格局已成为我国开放合作的必由之路，我国一方面要弥补产业链供应链的断点、短板和薄弱环节，扩大内需，提升产业国内大循环的能力和水平；另一方面要"引进来""走出去"并重，更高水平利用外资，参与全球产业链价值链分工，扩大对外投资的规模和水平以及提高中国产品和服务的出口竞争力。

二、北京时尚产业体系现代化发展成效

北京市时尚产业规模庞大、类型丰富，在整体消费中占比高，消费层次不断趋向高端化。近年来虽然消费市场低迷，但时尚产品在总体消费中的表现仍然逆势增长，尤其2023年上半年金银珠宝类、服装鞋帽针纺织品类、化妆品类等时尚类商品零售额实现同比大幅增长。从总体上看，北京时尚产业的发展基础坚实，保持了平稳增长的态势。

因为进行城市功能新定位，北京市向外疏解了大量时尚产业的生产企业和批发企业。目前在生产、批发、零售三个环节中，生产企业的产量产值已经占比较小，批发类企业的营业收入还具有较大规模但呈限制或收缩状态；零售类企业的营收规

模，呈持续增长状态。

经市场调节与政府引导，北京市时尚产业的产业结构快速变化，以不断适应城市的定位要求和经济发展水平。从总体上看，产业结构更趋合理，数字经济比重迅速增大，科技支撑能力不断增强。北京的时尚产业布局在城市格局的变化中不断调整完善，呈历史古迹、标志性场馆、时尚街区、创意设计园区错落发展的布局。北京市政府高度重视时尚产业发展，21世纪以来不断出台各类引导性政策，形成了比较合理、完善的产业政策体系。

（一）时尚产业规模保持平稳

1.时尚消费市场持续增长

根据北京市统计局发布数据，2022年全市消费品市场全年实现社会消费品零售总额13794.2亿元，同比下降7.2%，但从内部结构看，消费模式加快创新，消费升级趋势没有改变；全市限额以上批发和零售企业中，金银珠宝、文化办公用品等升级类商品零售额分别增长10.6%和0.6%（表5-1）。2023年1—6月，全市限额以上批发和零售业主要类值中，金银珠宝类、服装鞋帽针纺织品类、化妆品类等时尚类商品零售额同比分别增长42.2%、27.1%和18.0%。

表5-1　北京市2022年社会消费品零售额构成情况

指标	社会消费品零售总额（亿元）	同比上年增长（%）
总计	13794.2	−7.2
按商品用途分		
吃类商品	2832.4	−4.4
穿类商品	657.0	−18.6
用类商品	9723.6	−7.4
按消费形态分		
餐饮收入	961.6	−15.2
商品零售	12832.6	−6.6

2.批发及零售环节产业规模巨大

根据北京市统计局发布数据，2023年上半年，北京市共有纺织、服装及家庭用品限额以上批发企业672个，营业收入41906982万元，从业人数5.7万人。2023年上半年，北京市共有纺织、服装及日用品专门零售限额以上企业253个，营业收入1505357万元，从业人数2.2万人。

3.制造环节产业仍有一定规模

据北京市统计局数据，2023年1—6月，北京市纺织业营业收入81497万元，利润15582万元；服装服饰业营业收入436028万元，利润9538万元。

（二）产业结构优化调整

1.产业环节不断分化调整，产业结构更加合理

近年来北京市根据总体规划，对首都功能进行重新定位，疏解了大批纺织服装制造、批发企业向周边的河北、天津地区转移；而时尚设计、品牌运营、市场研发、总部经济等产业环节却继续鼓励发展，不断聚集壮大。通过近几年的优化调整，北京服装服饰产业形成了以时尚设计、品牌管理和市场营销为主导的产业结构，同时重点发展科研、教学、会展、商务服务等配套产业，更加符合首都城市战略新定位的"高、精、尖"产业要求。根据国家统计局数据，2022年北京市规模以上企业服装产量同比下降18.81%（全国平均 –3.36%）；其中机织服装同比下降15.57%（全国平均 –5.15%）；针织服装同比下降22.48%（全国平均 –2.24%），如图5-1所示。此外，据北京市统计局数据，2023年1—6月，在北京市规模以上工业企业中，纺织业营业收入同比下降1.9%，服装服饰业营业收入同比下降6.4%；纺织、服装及家庭用品批发企业营业收入同比下降0.8%；纺织、服装及日用品专门零售企业营业收入同比增长20.6%（图5-2）。

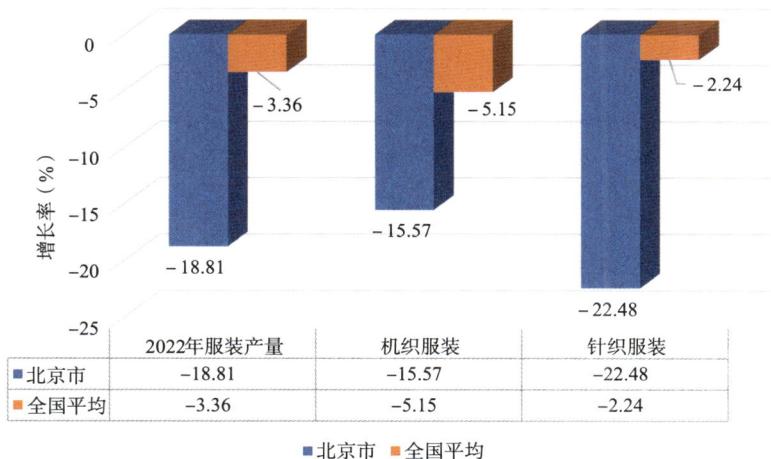

	2022年服装产量	机织服装	针织服装
北京市	–18.81	–15.57	–22.48
全国平均	–3.36	–5.15	–2.24

图 5-1　2022 年北京市与全国服装产量同比增长情况

2.新业态、新模式日趋成为主流

随着数字化战略纵深推进，时尚内容与数字技术相结合的新业态新模式已成为北京时尚产业的重要组成部分，"助推器"作用进一步增强。例如在文化产业领域，2021年1—12月，全市文化新业态特征较为明显的16个行业小类企业实现营业收入10246.5亿元，同比增长22.6%；对全市文化企业收入增长的贡献率达到73.2%；拉

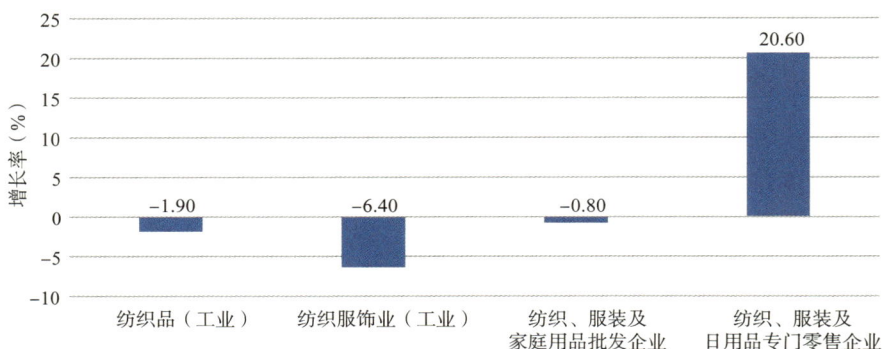

图 5-2　2023 年北京市纺织、服装各类企业营收同比增长情况

动全市文化企业营业收入增长 13 个百分点。在消费形式方面，线上活动与消费大幅增长，首店经济成为重要的经济增长力量。

3.科技支撑时尚发展的效力更加明显

近年来，北京市文化科技型企业实现量质齐升。2021 年 1—11 月，全市规模以上"文化+科技"企业 1105 家，实现营业收入 7760.5 亿元，占规模以上文化企业营业收入的 51.7%，同比增长 18.1%，拉动全市文化企业营业收入增长 9.4 个百分点。2021 年 1—12 月，全市 55 家规模以上专精特新文化企业实现营业收入 161.3 亿元，同比增长 22.6%，比全市文化企业平均增速高 4.9 个百分点；收入利润率为 10.8%，高于全市文化企业平均水平 2.5 个百分点。新增故宫博物院、完美世界等 6 家单体类国家文化和科技融合示范基地，北京示范基地数量达到 11 家，居全国之首。

（三）产业布局更加合理

北京市作为闻名世界的东方古都，作为全国的政治、文化中心，时尚产业的发展也呈现出格局宏大、品位高端、类型丰富的特点。综合来看，北京时尚产业的空间可以分为传统文化遗迹、全国文化标志建筑、时尚街区、创意文化园区等四类场所空间。这些场所空间依据城市发展进程和市民生活需要错落有序地在市内分布，共同托起了北京时尚产业宏伟发展的历史、今天和未来。

首先，北京作为中华古都，拥有众多辉煌壮观的皇家建筑，如故宫博物院、天坛、国子监等风貌独特的老北京城市建筑群落。此外，北京还拥有京剧、"七十二行"、老字号品牌等众多闻名于世的非物质文化遗产，形成了浓郁厚重的京味文化。厚重的文化底蕴，为北京发展时尚产业发挥着聚集人气、催生创意等作用。

其次，北京作为全国的政治、文化中心，具有在全国范围内得天独厚、独一无二的时尚文化发展条件，拥有鸟巢、水立方、国家大剧院、国家博物馆、中国美术馆、中华世纪坛等全国标志性建筑和场所，成为全国体育、文艺、收藏等众多时尚活动最辉煌的空间和舞台。

再次，CBD时尚商圈、西单商业街、三里屯街区等众多时尚街区营造了北京现代、潮流的气息。众多时尚街区，汇聚了北京时尚产业的零售主体，是北京推动首店经济的主要场所。高端商贸、首店经济相结合，是北京时尚产业持续扩容发展的强大基础。

最后，各类时尚创意产业园是北京发展时尚文化的策源地，肩负着不断为北京时尚产业注入新活力、提供新动能，优化时尚产品和服务供给的重要职责。北京的时尚园区涉及影视IP、文化创意、时尚设计、教育培训等多个领域。首钢文化园、798艺术区、751时尚设计广场、768创意产业园、郎园、星光影视园、丰台永乐文智园、京工时尚创新园、大兴雪莲时尚手工坊、怀柔铜牛影视基地、光华视觉工业园等一批特色鲜明的文化产业园区，已成为时尚文化的传播地、文化科技融合的创新地、优质文化企业的集聚地、市民文化消费的打卡地。

（四）时尚政策体系不断健全

发展时尚文化具有美化人民生活、提升产业品位、促进消费市场的作用，在大都市建设中具有巨大的发展潜力，受到了北京市政府的一贯重视和支持。截至目前，北京市已出台和发布了一系列重要的产业规划和政策，支持、引导时尚产业做强、做优、做大，适时进行转型升级。

2001年5月，北京市经济委员会发布了《2001—2005年北京服装纺织行业发展规划》，文件提出"北京服装纺织行业发展要在总量调控、淘汰落后的基础上，结合首都经济特点，以发展现代高技术服装纺织产业为主题，以结构调整为主线，用高新技术、现代信息技术改造传统产业为目标，以设计开发、品牌经营、国内外市场营销为主攻方向，全面实现产业升级。"

在2004年，北京市政府和中国纺织工业联合会共同发布了《促进北京时装产业发展，建设"时装之都"规划纲要》（以下简称《纲要》）。《纲要》提出"北京服装产业的发展，要紧紧围绕着建设现代化国际大都市的目标，以奥运为契机，以首都的文化资源和产业基础为依托，突出设计龙头，发挥品牌效应，营造时尚氛围，努力把北京建设成为引导中国服装业发展的设计研发中心、信息发布中心、流行时尚展示中心、精品名品商贸中心、特色产业集群和产业链集成中心，树立北京成为全国和世界时装之都的城市形象。"

2006年10月，北京发布了《北京服装产业"十一五"发展规划（2006—2010年》。该规划提出北京服装产业要以推进时装之都建设为目标，以奥运为契机，以首都的文化资源和品牌基础为依托，突出服装的高端设计与科技含量，提高企业在价值链高端的自主创新能力的竞争力，建设北京时装研发设计中心。发挥品牌效应，营造时尚氛围，实施品牌扩张战略。落实《纲要》，建设产业链配套，与首都宜居服务功能配套、生态环境相协调的特色服装产业基地，形成产业链高端研发和贸易在市中心、加工配套在郊区的产业格局。

2014年2月，党和国家对北京的城市定位提出"四个中心"，要求努力把北京建设成为国际一流的和谐宜居之都。促进时尚产业大发展有利于强化政治中心、促进北京文化中心、国际交往中心、科技创新中心的建设。在城市新定位的大背景下，北京市加快了对产业升级发展的要求，对时尚产业也产生了巨大的影响。2014年7月，北京发布实施《北京市新增产业的禁止和限制目录》（以下简称《目录》），并于2015年、2018年、2022年先后进行了三次修订。《目录》是北京治理"大城市病"、促进减量提质、推动集约高效发展的重要政策文件。其中提出，全市要禁止或限制包括纺织在内的一般制造业，服装纺织产业的生产制造环节和批发市场应有序疏解到京外发展。

2015年，《京津冀协同发展规划纲要》发布，指出推动京津冀协同发展是一个重大国家战略，核心是有序疏解北京的非首都功能，其中区域性批发市场疏解是疏解非首都功能的重点任务之一。2017年9月27日，中共中央、国务院关于对《北京城市总体规划（2016—2035年）》（以下简称《规划》）的批复向社会公开，标志着北京城市总体规划进入实施阶段。《规划》提出北京市要坚决退出一般性产业，严禁再发展高端制造业的生产加工环节，重点推进基础科学、战略前沿技术和高端服务业创新发展。此外，要推进区域性物流基地和区域性专业市场疏解，严禁在三环路内新建和扩建物流仓储设施，严禁新建和扩建各类区域性批发市场。

2020年4月9日，北京市推进全国文化中心建设领导小组发布的《北京市推进全国文化中心建设中长期规划（2019—2035年）》，将北京时装周的举办纳入全市重大战略规划中，实现了为北京时尚产业高质量发展的赋能，为北京打造国际时尚之都提供了有力的政策保障。

2021年8月27日，由中共北京市委办公厅、北京市人民政府办公厅发布了《北京培育建设国际消费中心城市实施方案（2021—2025年）》（以下简称《方案》）。《方案》指出，建设国际消费中心城市，是落实首都城市战略定位、推动高质量发展的必然要求，是实施扩大内需战略、融入新发展格局的重要抓手，是顺应消费发展新趋势、满足人民美好生活需要的关键之举。《方案》提出要，打造2至3个千亿规模世界级商圈，打造一批具有全球影响力的标志性商圈，培育20个以上具有国际传播影响力、中华文化感召力和首都形象亲和力的知名品牌活动。入驻一批全球知名品牌中国区总部、亚太区总部和全球顶级品牌投资商、运营商。力争到2025年，吸引国际国内品牌在京开设3000家以上首店、创新店、旗舰店，将本市打造成为全球首发中心。

三、北京时尚产业现代化升级面临的问题与挑战

北京的时尚产业还处于向现代化升级，走上高质量发展道路的过程中。当前产业发展还存在一系列的不足，但核心问题集中在原创设计、品牌建设、专业人才培养、产业资源整合四个方面。这些方面的问题处在产业深层，关系着产业发展能获得的动能量级与能达到的发展高度。北京作为首都，作为我国时尚产业发展的龙头地区，要深入培育产业核心要素，集结产业核心动能，引领示范，走中国特色、世界接轨的时尚产业高质量发展道路。

（一）原创设计水平有待提升

时尚产业的灵魂是文化创意，而文化创意主要依托原创设计来体现和表达。近年来北京时尚产业的原创设计水平不断进步，不同类型的创新创意产品纷纷呈现。但是对比北京作为东方文明古都、全国政治文化中心的地位，以及与巴黎、伦敦、纽约、东京等国际都市发展情况，其当前的原创设计水平还发展不足，不足以支撑其成为国际时尚大都市的发展目标。

1.存在开源不深的问题

北京文化资源丰富多元，其历史遗迹之多，文化遗产之富世所罕见，但这些资源绝大部分尚未被当作一种产业资源进行合理开发，资源优势尚未得到充分释放，文化优势未能转嫁为产业优势。

2.存在低端聚集、同质化发展的问题

在北京市的一些文化产业中，同一文化资源被反复开发导致了产品类型雷同现象严重，产品缺少设计感和原创性，地域文化特色不明显。以北京著名景点的纪念品为例，纪念品种类单一且价格昂贵，在创意设计上体现不出景点特色，产品与国内其他地区高度雷同。市场竞争激烈，价格战十分普遍，有些设计公司不惜用低价的方式来争取订单，导致市场的利润空间被压缩。

3.存在创意设计市场转化不畅的问题

缺乏能将时尚设计师的创意设计作品转化为时尚产品的服务平台，从创意设计到投入生产整个过程沟通渠道不畅通，时尚资源整合与利用存在信息不对称的问题。

4.存在高端创意人才不足的问题

北京设计师具有较大规模数量，但是设计名师少，缺少能在全球有影响力的领军人才；此外，还缺乏将设计产品高效推向市场的时尚企业管理及营销人员，尤其缺少世界著名的时尚品牌引领产业发展。

（二）品牌知名度和影响力亟待提高

北京时尚产业经过多年的高速发展和优化升级，已经出现了一批规模较大的上市企业，以及在全国有一定知名度的时尚产业品牌。但是目前，产业总体规模还不够大，发展水平仍然不足。以服装服饰产业为例，目前北京还没有一家世界级的服装服饰企业，没有产生一个世界级的服装服饰知名品牌，目前位居前列的品牌还仅限于中国驰名商标和北京市著名品牌，如雪莲、铜牛等，品牌实力与国际知名品牌相比还缺乏口碑和知名度。

（三）人才梯队建设任重道远

北京高校云集，拥有全国数量最多、质量最优的教育资源，但时尚产业人才总体还处于匮乏的状态。这种匮乏体现在结构性不足上，也体现在人才质量水平不足上。一是对时尚人才的培养，以院校教育为主，形式单一，产教融合不够深入，时尚人才培育缺少足够的实践基地。二是院校对时尚人才的培养存在与生产实践相脱节的状况，教学目标、课程体系、师资建设不够合理完善，教育水平落后于企业发展需求。三是时尚产业内部缺少足够的大企业、大品牌为高端人才提供展现才华的平台和机会，缺少产生"大师"的人才机制。

（四）产业链资源整合能力有待加强

北京发展时尚产业优势在于人才、市场、品牌、文化和信息，目前生产、批发环节已经基本转移到周边的天津、河北及全国其他地区，但产业链还没有构建形成高效、强大的产业生态，不同地区间的产业协作还不够深入。以纺织服装产业为例，相比于长三角、珠三角地区，京津冀的纺织服装产业，缺少产业链上游的化纤生产，中游的印染环节，面辅料较大程度依赖外地采购和国外进口；而且总的产业体量不够强大，在地区经济中占比较小，没有形成明显的产业集群形态，没有得到应有的重视。

四、北京加快构建现代化时尚产业体系的对策建议

北京是一座兼具厚重历史与现代时尚的国际大都市，其构建现代化时尚产业体系，既要发扬中国特色，又要具备国际视野，向传统的、民族的文化充分汲取精华，要开放发展、兼容并蓄，引导全国时尚产业走上国际舞台。同时，时尚产业涉及的行业门类多样，产业环节较多，北京应该融合更大的产业区域，进行高端定位，发挥产业龙头作用，与天津、河北等周边地区的产业区域分工合作，形成开放、高效、紧密的产业链条。在加快构建现代化时尚产业体系的过程中，北京还要

注意充分利用人才资源优势、科技资源优势，赋能产业实现跨越式发展，以科技、时尚、绿色的发展理念为引导，全面推进产业实现高质量发展。

（一）广纳深挖，充分开发利用中国特色的时尚文化资源

北京是我国的首都，是代表东方文明的大都市。在推进北京"文化中心"建设过程中，时尚产业要发挥重大的承载作用。北京时尚产业要利用好北京底蕴深厚的传统文化资源，促进传统与现代相结合，促使历史文脉与时尚创意相得益彰，掘取深厚广大的中国文化转化成为能流行于市场产业文化。要推动传统与现代的融合，促进民族文化与世界流行时尚的交流，形成既有自我特色又包容并蓄的产业文化。要保护和利用好北京辉煌灿烂的传统场馆、建筑，积极发掘利用戏曲、书画等各类非物质文化遗产的文化养分。要重点发展好北京的老字号企业，激发它们在市场中的活力，传承和宣扬它们身上所具有的特殊产业文化和企业精神。北京还要发挥首都凝聚荟萃、辐射带动、创新引领、传播交流和服务保障功能，在全国时尚产业中形成民族化发展的带头示范作用，为各地产业发展民族文化提供支持和服务。

（二）开放式发展，积极引导全国时尚产业走上国际舞台

北京要发挥好全国时尚产业重大活动舞台的功能，持续优化为产业国际交往服务的软硬件环境，不断拓展对外宣传、交流的广度和深度，积极培育我国时尚产业国际合作竞争新优势，发挥向世界展示我国时尚文化的首要窗口作用，努力打造国际交往活跃、国际化服务完善、国际影响力凸显的产业重大国际活动聚集之都。要扶持时尚文化企业走出去，开拓国际市场，重点提升自有国潮品牌的国际影响力。要支持建立各类时尚预测、时尚评论机构，周期性发布流行趋势的权威预测，打造时尚信息发布中心，引领国际时尚发展潮流。要规划建设好王府井、西单、SKP、三里屯等时尚商场，提升798艺术区、张家湾设计小镇北京未来设计园区、首钢园、隆福文化中心、京工时尚创新园等设计创意园区的软硬件建设，为建设世界品牌、开展世界级产业活动提供支撑。

（三）融合发展，构建形成大纵深的区域产业链

北京的时尚产业要促进教育、科研、设计、产业服务等各类产业环节、资源的融合发展，形成互利共赢的有机式产业生态。要融合北京高校、研究所、行业协会、骨干企业等资源成立时尚产业研究院，为政府决策提供决策支持。要促成跨界融合，打造时尚产业生态圈。要融合天津、河北地区的生产、批发产业链条，实现产业链配套发展，在更大地域范围内获得更多的产业支撑，成为京津冀地区时尚产业集群的核心。

（四）高端定位，聚焦发展产业核心环节

北京的时尚产业要聚焦价值链高端环节，着重发展科技研发、设计创意、品牌营运、高端市场等价值链高端环节，同时要着重促进金融、信息、商务服务等现代服务业创新发展和高端发展。要吸引和支持全国有影响力的时尚企业在北京设立总部中心，培育壮大与首都地位相匹配的产业总部经济，支持引导在京创新型总部企业发展。要进一步优化升级北京相关商业区的发展形态，通过时尚化、智慧化，赋能商业街、重点商城等发展，促进其向高品质、综合化发展，突出文化特征与北京的地方特色。要引导北京周边的时尚生产企业，走品质化、品牌化的高端发展路线，适应首都市场的战略定位，与北京的时尚产业形成配套，一体化升级发展。

（五）加快科技创新，大力推动产业提质增效

北京时尚产业要积极推进产业的智慧化发展，通过科技赋能，提升产业运营效率和发展质量。要大力推进时尚企业的数字化生产运营，推进智能工厂、智慧商城、智慧场馆建设，推进企业在生产制造、客户服务、营销管理等方面的数字化进程。要充分发挥北京丰富的科技资源优势，不断提高产业自主创新能力，在基础研究和战略高技术领域抢占全球科技制高点，加快建设具有全球影响力的全国时尚科技创新中心。要整合行业数据、重点企业销售数据、新闻舆情数据、电商平台数据，建设时尚产业大数据平台，充分发挥行业大数据在产业政策指导中的作用，以数据驱动产业发展。要推进产业链、产业区域间的网络化发展，建设智慧化仓储、物流，充分运用互联网、大数据、物联网对现代产业的发展支撑作用。要充分运用数字传媒、移动互联等科技手段，构建立体、高效、覆盖面广、功能强大的时尚传播网络。

（六）环保节约，切实践行绿色发展理念

北京时尚产业要加强社会责任意识，落实对生态、社会的相关责任，夯实产业发展基础，奠定产业发展的美好未来。进一步贯彻落实绿色发展理念，完善时尚产业发展的政策体系，引导原材料、设计、制造、物流等关键环节向绿色低碳方向发展。强化产品全生命周期绿色管理，引导时尚制造企业把原材料的绿色化、可循环作为生产和服务的基本要求，积极采用绿色低碳的设备、技术和工艺，开发生态、绿色、可降解的时尚产品，促进绿色消费与绿色生产的良性互动。要引导时尚消费者尊崇自然，把绿色、健康、天然作为选择产品和服务消费的重要前提，营造全社会绿色发展的良好氛围。

（郑治民　中国纺织服装教育学会）

参考文献

［1］李锦．加快建设中国式现代化的新型产业体系［J］．现代国企研究，2023（6）：34-41．

［2］汪玉杰，郭辉．西部地区产业结构合理化和高级化对经济增长的影响研究——基于门限效应视角［J］．金融发展评论，2021（11）：19-34．

［3］肖琴．新时期体育产业流通链发展研究［J］．中国商贸，2010（10）：217-218．

［4］盛朝迅．着力提升产业链供应链韧性和安全水平［J］．中国经济评论，2022（11）：36-39．

［5］吴立．培育时尚消费新业态加快打造北京时尚之都［J］．北京观察，2021（12）：32-33．

［6］贠天祥．时尚化升级［J］．中国服饰，2020（4）：50-53．

［7］陈文晖，王婧倩，熊兴．促进北京纺织服装时尚产业发展的策略［J］．纺织导报，2018（9）：29-3，32．

［8］陈文晖，刘传岩．北京时尚产业发展及未来展望［J］．科技智囊，2022（8）：4-11．

［9］王芹娟．科技创新与现代化产业体系关系及作用机理研究［J］．科技和产业，2019（8）：44-48．

［10］原珂．构建国际科技创新中心创新生态链［J］．前线，2021（5）：78-81．

［11］张亚琦．北京时尚产业发展路径研究［D］．北京：首都经济贸易大学，2018．

［12］刘元风．北京服装消费文化的变迁［J］．纺织学报，2009，30（3）：94-98．

第六章　生态现代化与北京时尚产业发展研究

党的二十大报告指出，中国式现代化是"人与自然和谐共生的现代化"。生态现代化是中国式现代化的内在要求，是实现"富强民主文明和谐美丽的社会主义现代化强国"总目标在生态维度的必然选择。在此背景下，全球产业绿色低碳转型大势不可逆转，推动时尚产业绿色低碳转型和生态化发展将是探索从工业文明向生态文明转型的重要路径。

一、中国式生态现代化的科学内涵

生态现代化的概念最早是由德国学者胡伯在20世纪80年代提出来的。其核心内容是以发挥生态优势推进现代化进程，实现经济发展和环境保护的双赢，体现了一种新的发展理念。中国式生态现代化既体现了西方生态现代化理论的核心内涵和科学价值，更是马克思主义生态理论与中国生态文明建设实践高度契合的体现。

（一）"人与自然和谐共生"是中国式生态化的生态本体论

党的十九大报告明确提出"坚持人与自然和谐共生""建设生态文明是中华民族永续发展的千年大计"，并强调"人与自然是生命共同体，人类必须尊重自然、顺应自然、保护自然"。其中，"生命共同体"从"人与自然是生命共同体""地球生命共同体"角度分别阐释了保护生态环境、实现人与自然和谐共生的必要性，以及各国携手合作共治生态环境问题的必要性；"两山"理论既是对保护生态环境、建设生态文明的必要性补充，也隐含着实现人与自然和谐统一的实现路径；"和谐共生"则是"生命共同体"和"两山"理论的落脚点和归宿，也是中国式现代化的典型特征和中国式生态现代化的本质内核。

（二）"绿水青山就是金山银山"是中国式生态化的绿色生产力观

"绿水青山就是金山银山"的科学论断，构成了生态文明建设的核心价值观，促进形成了生态文明发展的中国范式，改造和提升工业文明的发展模式，它是中国智慧、中国方案对人类命运共同体的贡献。一方面，以"两山论"为引领，全面探索并走出一条生态脱贫的新路子，实现脱贫帮扶由"输血式"向"造血式"机制的转变；另一方面，通过"两山论"的实践，推动城乡互动、区域一体，推动"让城市融入大自然，让居民望得见山、看得见水、记得住乡愁"，促进城乡高质量融合与创新发展。此外，"两山论"的指导就是要推动产业生态化和生态产业化发展，逐步成为推动生产力发展和促进生产方式转变的关键性要素和力量。

（三）以满足人民日益增长的优美生态环境需要是中国式生态化的生态民生观

"人民至上"的正义价值取向和"为民造福"的正确政绩观，将生态环境保护与民生福祉、民族未来、祖国发展紧密结合，为我国的现代化建设提供了正确的理论指导。在此基础上，聚焦人民群众感受最直接、要求最迫切的突出环境问题，积极回应人民群众日益增长的优美生态环境需要。因此，坚持生态惠民、生态利民、生态为民，把优美的生态环境作为一项基本公共服务，把解决突出生态环境问题作为民生优先领域。

二、国内外时尚产业生态化发展的实践

当前，为应对日益严峻的气候变化形势，时尚产业作为全球前三大耗能与污染产业之一，亟待推进产业生态化发展和绿色低碳转型。中国作为全球最大的时尚供应链中心与消费市场之一，在时尚产业生态化发展过程中有着举足轻重的角色。近年来，国内外时尚在推进时尚产业生态发展中做了大量工作，取得了明显成效。

（一）全球时尚产业正加速推动绿色低碳和可持续发展

长期以来，时尚产业因为环境污染、水源浪费及廉价劳工等问题被环保人士及组织等诟病。时尚产业约70%的排放来自原材料生产、制备和加工等上游活动，其余30%与下游零售业务、使用阶段和使用结束活动有关。罗兰·贝格的研究表明，由于时尚产业复杂的供应链以及价值链上下游较难以协同/共识，全行业碳排放预计占全球4%—10%的温室气体排放（图6-1）。麦肯锡发布的《2021年时尚状况》中预计，倘若在未来10年不采取进一步措施，到2030年，该行业的温室气体排放量将上升到每年27亿吨左右，年排放量增长率为2.7%。

因此，全球时尚产业迫切需要重塑产业发展模式，加快绿色低碳转型，推动产业生态化和可持续发展。目前，根据联合国环境规划署联合国可持续时尚联盟联合秘书迈克尔·斯坦利·琼斯的表述，时尚产业已在两个领域取得了进展：一是在可追溯性和问责制方面，新技术的应用为其提供了支持，例如，区块链和产品通行

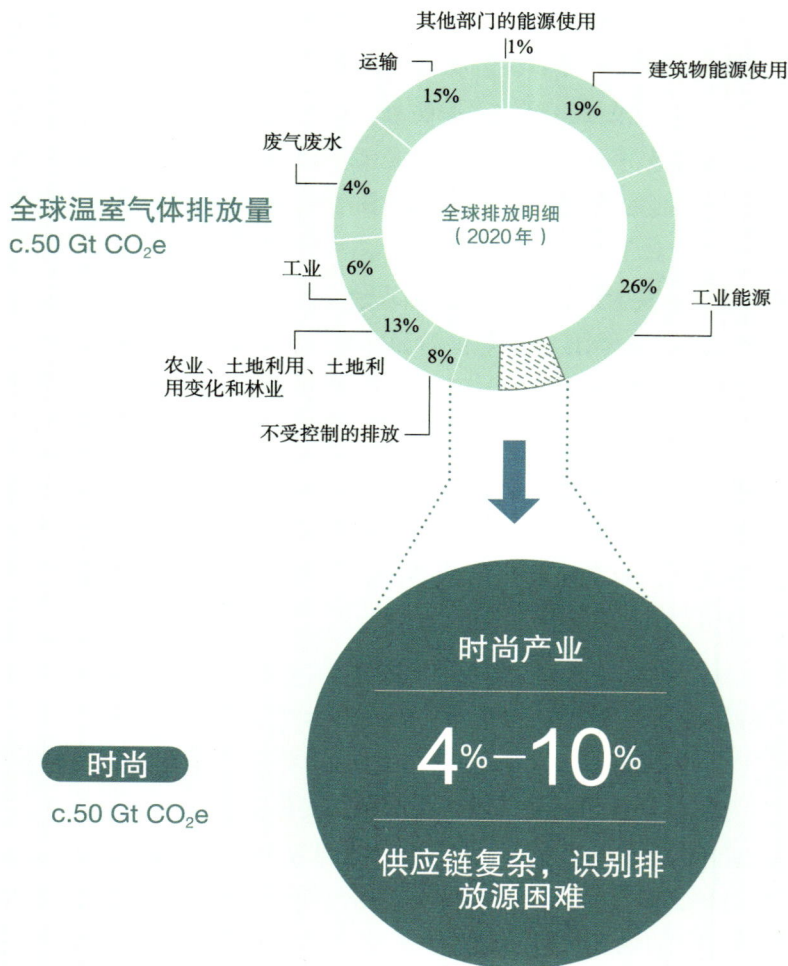

其他部门的能源使用 1%

运输 15%

建筑物能源使用 19%

废气废水 4%

全球温室气体排放量
c.50 Gt CO₂e

全球排放明细
（2020年）

工业 6%

26% 工业能源

13%

农业、土地利用、土地利
用变化和林业

8%

不受控制的排放

时尚
c.50 Gt CO₂e

时尚产业

4%−10%

供应链复杂，识别排
放源困难

图 6-1　时尚产业碳排放占全球碳排放比例示意图

资料来源：罗兰·贝格，WWD：行动在即，共塑可持续时尚——中国时尚产业的可持续之路

证。二是在通过如"基于科学的目标倡议"衡量各个公司的价值链中产生的碳排放量方面，该倡议"倡导以基于科学的目标设定，以此作为增强公司向低碳经济过渡中的竞争优势的有力方法"。该倡议为公司"指明了温室气体减排所需的数量和速度，从而为未来可期的增长提供了明确界定的路径"。

具有不断发展的可持续发展思维的时尚公司示例

开云集团：开云集团开发了一项创新工具，用于衡量和量化其活动对环境的影响。开云集团的环境损益账户被誉为"可持续商业模式的关键推动力"，它衡量整个供应链中的碳排放量、水消耗量、空气和水污染量，土地使用量以及废物产生量，以使对集团活动产生的环境影响可视、可量化且具可比性。随后这些影响被转换为货币价值，以量化对自然资源的使用。该公司使用这项工具"来指导其可持续发展战略，改善其流程和供应来源并选择最适合的技术"。

C&A公司：全球服装零售商C&A公司的2020年目标是其使用的棉花100%都更具可持续性。C&A公司是全球领先的有机棉采购商，与传统的种植棉相比，有机棉的环境足迹更少。在2018年，其出售的棉花中有71%是经过认证的有机棉。通过采购更具可持续性的棉花，该公司正在寻求规范整个棉花行业的更好做法，并证明采购100%更具可持续性的棉花是可以实现的。

新百伦公司：体育用品公司"新百伦公司"坚信在自己所作所为，以及对其产品和活动"生命周期影响"的评估中"小心翼翼地使用有限的资源"和"力争零废物"。其目的是创造完全可回收、不产生废物、不涉及使用有毒物质并且对环境没有负面影响的产品。

巴塔哥尼亚公司："旧衣新穿"（Wornwear）是巴塔哥尼亚公司延长衣物使用寿命的核心。它指出，将衣服再使用九个月可以减少多达30%的相关碳、水和废物排放。

此外，欧美发达国家出台了一系列法案，用以指导纺织服装行业绿色低碳发展。2022年3月，欧盟委员会提出了《欧盟可持续和循环纺织品战略》（以下简称《纺织品战略》）。根据该法案，不符合可持续产品定义的纺织品将无法在欧洲销售。美国在其国内提出的碳税立法《清洁竞争法案》也将要求进口商和美国国内企业为超过行业平均水平的排放量支付碳税。虽然上述两个方案暂时还未将纺织品纳入管控范围或征税名单，但其未来发展的趋势仍然值得我国纺织服装出口型企业注意，必须提前开始推进产品绿色低碳转型以顺应市场状况成为当务之急。

（二）我国纺织服装全产业链循环转型取得成效

当前，我国纺织服装行业是全球时尚产业的重要组成部分，其循环转型对于实现全球循环时尚未来至关重要。近十年来，在国家循环经济发展战略、政策及试点项目，以及清洁生产、环境治理、再生资源利用、绿色制造等相关政策的支持下，中国纺织服装行业循环转型取得了阶段性的进展。

1. 循环再利用纤维加工比重提升

再生化学纤维包括再生涤纶、锦纶、丙纶等，其中以再生涤纶为主，占到总量的90%以上。随着技术进步和产品创新，再生涤纶产品（特别是短纤维）的质量和性能已经能够实现对原生纤维的替代。中国是全球最大的再生涤纶生产国，目前已在浙江慈溪、江苏江阴、福建晋江、广东普宁等地形成了具有特色的产业集群。根据中国化学纤维工业协会的数据，2021年，我国化纤产品中涤纶产量是5363万吨，在化纤产品总产量中占比超八成。涤纶长丝是涤纶的主要产品，其在涤纶中的用量占比在80%左右。2022年，我国涤纶长丝产量达到4276万吨，是全球第一大生产国。

2.绿色设计实践探索增加

根据2019年中国纺织工业联合会社会责任办公室对行业内40家纺织服装行业的调研结果显示，25家设计企业大部分会在产品设计阶段考虑生态设计：24%的企业全部产品考虑生态设计，52%的企业则是大部分产品会考虑生态设计。截至2022年底，已有包括内蒙古鄂尔多斯资源股份有限公司、万事利集团有限公司等29家纺织服装企业入选国家工业产品绿色设计示范企业，产品类别涉及纺织面料、丝绸制品、羊绒、纺织服装等。

典型企业的绿色设计实践

鄂尔多斯：在产品设计开发环节，建立了羊绒行业产品生命周期基础数据库；在原材料选取和使用环节，实施绒山羊圈养工程，实现保护生态和绒山羊养殖协同发展，选用优质环保染化助剂和辅料；在制造环节，研发应用高效分梳技术、植物染料及食用色素染色技术、绿色无磷羊绒脱色技术和绿色洗绒技术等多项技术，实现节水和绿色染色技术升级；在产品回收利用环节，利用销售渠道探索构建废旧产品回收体系，通过"以旧换新"和开发再利用等方式加强废旧羊绒产品的回收；积极研究开发废旧羊绒产品进行改款、翻新、再制造技术、工艺和装备，探索羊绒宝贵资源的循环利用新模式。

万事利：在产品设计开发环节，建立了上游供应链各产品的全生命周期数据库，并以此为基础初步创建了丝绸行业的首个绿色设计管理体系；在原材料选取和使用环节，按照安全、环保（不含禁用化学品）等要求，甄选优质的绿色染料助剂供应商；在制造环节，采用自主研发的数码印花绿色设计与制造技术，有效解决了丝绸产品传统印染资源消耗高、用人多、成本高等问题；在产品回收利用环节，开展高质量蚕丝被回收利用行动。

3.绿色制造工艺技术稳步提升

"十三五"期间，印染行业单位产品水耗下降17%，水重复利用率从30%提高到40%。纺织行业废水排放量、主要污染物排放量累计下降幅度均超过10%。"十三五"期间，共有251种绿色设计产品、91家绿色工厂、10家绿色供应链企业被国家列入绿色制造体系建设名录，完成40余项绿色标准制定和发布，头部企业尤其是品牌企业发挥了示范带动作用，全生命周期绿色管理正在加速融入纺织产业链体系。

4. 可持续消费趋势逐渐显现

根据《2023循环时尚行业趋势报告》对覆盖全国30个省市区用户的调研显示，箱包、衣物等循环时尚整体市场呈现"供不应求"的态势。市场上有24%的纯买家和14%的纯卖家，另有62%的用户则是"既买又卖"。在"买卖一体化"的用户眼中，循环时尚能够"来回倒腾，可享受不同奢侈品的乐趣"。特别需要注意的是，循环时尚消费契合了"循环青年"群体"爱生活、爱自己、追求个性、提升自我、满足情感需求"的"悦己"需求。超过50%的"循环青年"表示"悦己"已成为他们主要的消费驱动力。

5. 绿色低碳政策导向更加明确

2022年发布的《关于产业用纺织品行业高质量发展的指导意见》明确了"十四五"末，纺织行业需要达到新的绿色发展水平目标。在此背景下，国内纺织服装行业需要加速从传统的劳动密集型产业向技术密集型产业转型；必须坚持绿色发展，提高能源和水资源利用效率，降低单位工业增加值的能源消耗和二氧化碳排放量。与此同时，企业可以开展可生物降解非织造布及制品认证工作，加强环保型产品的推广，鼓励企业加强废旧纺织品循环利用，提高循环再利用纤维在多领域应用的比例。

（三）北京时尚产业绿色低碳循环发展的典型案例

为深入贯彻党中央、国务院关于碳达峰、碳中和决策部署，体现负责任大国首都担当，北京高度重视重点领域绿色低碳循环发展。先后发布了《北京市"十四五"时期低碳试点工作方案》（京环发〔2022〕13号）、《北京市碳达峰实施方案》（京政发〔2022〕31号）等政策文件，就强化低碳技术创新、推进绿色制造体系和绿色供应链体系建设、开展重点行业绿色化改造、大力发展循环经济、推广绿色低碳消费行为等都做了详细的工作部署。

北京爱慕股份有限公司总部位于北京市朝阳区，旗下共有4家国家高新技术企业，专业从事高品质贴身服饰及其用品的研发、生产与销售，现有以生态环境营造为亮点的江苏苏州爱慕生态工厂、以时尚艺术现代建筑为特色的北京顺义爱慕时尚工厂等两个工厂。近年来，爱慕集团将双碳环保理念融入企业经营与品牌运作，贯穿产品企划、原材料应用、生产、物流、日常运营等多个环节。具体体现在以下几个方面。

1. 积极研发应用可持续原材料

爱慕旗下品牌持续在产品上应用天丝™0碳莫代尔纤维等源自获得认证的可持续管理木源的原材料。2022年，爱慕在产品中应用天丝™0碳莫代尔纤维426吨，减少了约754吨二氧化碳气体排放，相当于137094棵樟子树一年的碳吸收量，相当于一辆汽车行驶地球90圈。

2.强化绿色低碳技术推广应用

公司研发了从一根纱线开始设计制作产品的无缝一体织技术和模压黏合技术，推出C2M定制实验室及智能节拍生产车间，开创国内内衣定制快反模式。通过先进技术的应用，使整个产品生产步骤较一般普通文胸减少50%。截至2022年底，爱慕已经生产20万件绿色低碳模杯的内衣，减少了8.58吨二氧化碳排放。

3.开发"无添加"内衣纺织品

爱慕以关爱消费者为出发点，开发"无添加"内衣纺织品，打造针对敏感肌肤人群的生态环保、温和无刺激的贴身服饰，满足消费者对健康生活的需求。

4.深化清洁能源和水资源综合利用

爱慕时尚工厂、爱慕生态工厂通过光伏发电手段利用清洁资源进行生产运营，爱慕生态工厂进行碳管理。2022年生态工厂的温室气体排放同比2021年下降30%。2017年起，爱慕时尚工厂、爱慕生态工厂实施了1.5MWp太阳能光伏发电项目并实现并网，所产电量自发自用、余电上网。爱慕生态工厂建有智能微电网，对发电量、上网电量实施监控播报，2022年1—12月，北京爱慕时尚工厂光伏发电达67.5万千瓦时，苏州爱慕生态工厂光伏发电达157.5万千瓦时。此外，爱慕生态工厂将预缩机运行过程中产生的纯水进行收集，用于厂区电动车观光车及蒸汽发生器熨烫用水。全年共计节约用水139000升，减少能源消耗为35.7吨标准煤。

三、新时期北京时尚产业推进产业生态化的对策建议

（一）积极推广可持续时尚设计理念

在中国式生态现代化战略指引下，"可持续性设计"理念将成为推动时尚产业绿色低碳转型和可持续发展的重要抓手。因此，要充分整合北京市时尚类高校资源丰富、优秀时尚设计师众多、时尚类龙头企业聚集等优势，积极推广可持续时尚设计理念。

（1）支持市内重点时尚类高校开展国际交流合作及产学研合作，从服装结构、工艺、材料以及跨文化等视角，将"可持续性设计"理念融入日常教学科研工作，鼓励开展废旧纺织品再利用、一衣多穿概念设计、零浪费结构设计等设计理念的理论研究、教学实践和成果转化，为时尚产业生态化和可持续发展提供支撑。

（2）鼓励龙头企业、时尚设计师在面料层面、产品全生命周期层面、循环经济层面等推广可持续时尚设计理念。一是鼓励使用以棉、麻、丝、毛为主的天然面料，新型环保面料以及废弃面料和可持续再生面料。二是从消费者层面的情感化设

计和产品本身的功能性、模块化设计融入可持续发展理念，以便让服装服饰等时尚产品的寿命不再局限于短暂的流行周期，进一步延长产品的生命周期。三是通过培育二手时尚产品购物、分享平台，推动时尚产业的循环经济、共享经济的发展，进而实现时尚产业的减碳，为时尚产业生态化发展提供支撑。

（二）着力构建绿色供应链体系

充分借鉴江苏晨风集团以绿色供应链管理促进服装行业绿色低碳转型，鼓励本土服装服饰类企业加快建立绿色供应链。

（1）要实行绿色采购制度，规定采购过程中要采购绿色产品、绿色原材料、绿色服务，不采购过度包装、不符合回收要求、属于高污染高环境风险、被列入淘汰落后装备工艺和产品目录的物资产品。

（2）推动时尚产业链主企业与供应商之间建立"管理＋帮助＋合作"的模式，积极向供应商传递绿色环保和可持续发展的价值观，协助供应商提升绿色制造、低碳制造能力，引导供应商减少各种原辅材料和包装材料用量，邀请供应商参与时尚产品的可持续设计。

（3）鼓励龙头企业利用自身技术优势和研发优势搭建涵盖了设计人才培养、品牌培育、原材料展示、产品检验、行业优质资源展销等多重功能的供应链服务公共平台，吸引供应链上的企业及相关方集聚与合作，逐步由企业自用的平台扩展到为行业服务的公共平台。平台在为供应链上的其他企业提供服务的同时，也补齐了供应链上品牌建设薄弱、优秀设计师不足的短板，有利于推动供应链上的企业构建合作网络，为行业高质量发展赋能。

（三）大力发展时尚循环经济

在循环经济模式下，时尚行业的增长将不再依赖原有的"大量生产—大量消费"，而是需要发展时尚循环经济，通过绿色纤维/纤维制品供应、废旧纺织品的回收再利用、基于消费者的新商业模式等方式，提升时尚产业生态化发展水平。

（1）服装服饰企业要协同面料生产企业加大绿色纤维等研发力度，进一步优化产品结构，扩大绿色产品系列的设计、生产和销售，满足未来消费者对绿色纺织服装产品的需求。

（2）政府应建立完善以龙头企业为牵引、行业协会为支撑废旧纺织品回收再利用体系，将回收获得的旧衣通过捐赠、二手交易、再利用等方式实现分质分级的综合利用。

（3）创新共享平台、租赁服务、二手交易、线上回收、维修服务、再设计服务等兼顾循环经济原则和消费者新需求的新商业模式，培育形成时尚产业生态化发展的新增长点。

（四）注重数字赋能时尚生态化发展

数字化赋能可以驱动时尚/创意产业各环节提效与协同改善，在以减少原材料的浪费、能源节约的同时，促进生产、流通、消费等环节的信息共享与可追溯性，进而从全产业链层面实现绿色低碳转型和生态化发展。

因此，北京市可以依托自身物联网、大数据、人工智能等领域的技术优势和产业基础，搭建以 SaaS 云 ERP 系统为基础平台，在下游端承接服装品牌和制衣厂的客户订单，在上游端连入纺纱厂、印染厂、织布厂，进而拆解上游客户订单，组织系统内的工厂跨厂协同完成面料的生产与制作，实现资源的有效对接和优化配置。与此同时，还可以通过 C2M 个性化定制平台，从而有效降低库存，实现个性化定制和批量化生产兼顾，达到控制库存、精确生产的目的。

（熊兴　北京服装学院时尚研究院

刘传岩　中咨海外咨询有限公司）

参考文献

［1］罗兰·贝格，WWD. 行动在即，共塑可持续时尚——中国时尚产业的可持续之路［R］. 上海，2022.

［2］中国纺织品进出口商会. 纺织服装领域双碳政策的发展动向及变化趋势［EB/OL］.（2023-06-9）［2023-09-20］.

［3］北京爱慕股份有限公司：2022年爱慕股份社会责任报告［R］. 北京，2023.

［4］刘彦博，王嘉睿，许旭兵. 服装设计的可持续时尚策略［J］. 艺术科技，2020，33（10）：114-116.

［5］王煦. 晨风集团以绿色供应链管理促进服装行业绿色低碳转型［EB/OL］.（2021-08-10）［2023-09-20］.

［6］中国纺织工业联合会. 循环时尚：中国纺织品经济展望报告［R］. 北京，2020.

第七章　科技现代化与北京时尚产业发展研究

一、科技现代化的内涵与特征

科技现代化是中国式现代化的重要内容。科技现代化的内涵是指以先进科学技术为基础，以提高人民生产力和生活质量为目的，推动社会经济的现代化进程。具体包括技术创新、科学研究、产业升级、数字化转型、智能化发展等方面，涵盖了所有与科技相关的领域和行业。科技现代化的目的是实现人类社会更高水平的发展，为人类创造更美好的生活。

从提出"四个现代化"到提出全面建成社会主义现代化强国，科学技术现代化从来都是我国实现现代化的重要内容、动力引擎和战略支撑。具体到时尚产业，科技创新和现代化也是时尚产业创新发展的有力抓手和必要支撑。技术手段的创新变革给人类的时尚生活方式带来了革命性变化，使时尚产业的提速发展和繁荣成为可能。以信息技术、智能制造、新能源和新材料为代表的新一轮科技现代化，为时尚产业的升级发展带来了前所未有的历史机遇。

（一）基础技术领域

基础技术指的是科学技术发展中不可或缺的基础核心技术，是各种技术和产品的基础和支撑，也是国家应对全球竞争和创新发展的基础。而基础技术领域的科技现代化，则是指该领域内的技术革新和创造性研究，旨在提高生产的效率、创造以及推动行业的转型升级，从而满足和推动经济和社会的发展需求的过程。

时尚产业的基础技术领域，包括面料、工艺等内容。创新的主要方向是基于消费者的新需求，在绿色、天然可持续的基础上，实现材质和功能的变革。以服装面料为例，在材质方面，从天然植物中提取纤维素材料、蛋白质材料、再生纤维素材料制成各类服装面料，使服装面料既舒适透气，又能保护人体皮肤；在功能方面，为了不断满足消费者生活和工作中对服装特殊性能的需求，功能面料的开发已经成为当今服装面料创新的一大重点，要求服装面料在传统保温功能的基础上，具有特殊的功能，如吸水、拒水、抗菌防臭、芳香、保健、防护等。为此，服装企业采用产学研合作、联合研发或自主研发等多种形式，在新技术、新功能两方面齐头并进，不断深化，为消费者呈现舒适化、功能化、科技化等适应多场景需求的应用面料，未来服装新材料将根据用户不断变化的需求体现更加多样性、更加精准化的功能实现，满足功能、舒适及时尚的融合。

（二）关键核心技术

关键核心技术是指在国家安全、经济发展和社会安全等方面至关重要的一些核心技术。关键核心技术领域的科技现代化，是指通过持续的创新和发展关键技术来满足和推动经济和社会的发展需求的过程，主要包括对关键技术的研究、开发和应用。这些关键技术通常是一些高风险、高盈利和高市场影响力的领域，例如，人工智能、纳米材料、量子计算、核能和航天技术等。这些核心技术在经济发展、国家安全和社会发展中都起着重要的作用。

在数字化浪潮下，数字技术深刻改变着各行各业的生产方式、生活方式和治理方式。数字技术中的人工智能、区块链、云计算和大数据成为影响时尚产业的关键核心技术。

1. 人工智能（AI）

在过去十年里，计算机计算能力和人工智能算法突飞猛进，随着深度学习算法的崛起和广泛应用，人工智能（AI）在特定信息处理中的优势加速显现，AI 的局部优势已经开始对行业部分专业人员的劳动产生明显替代作用。一是对数据的高效率加工，机器 AI 能批量化、自动化地在算法指导下进行作业，形成数据资产，并使这些数据资产可以被大规模人群可靠地、重复地共享。二是对高维海量数据所隐含的模式识别能力，不同于人的建立在三维视觉和四维想象空间的常规模式识别，AI 可以通过算法识别出一些更深层次的隐含特征、模式和规律。三是在有相对明确目标和约束条件的情况下进行决策、抉择和优化，AI 的学习过程可以基于一个稳定的目标函数和特定的算法逻辑，从而不会有情绪或心理上的波动，也就不会像人一样背负这些波动所带来的认知上的偏差，避免了自然人的个性化失误。❶

基于以上优势，AI 已经作为重要的底层技术领域，应用于时尚产业。人工智能技术的应用除了提供更生动的展示，还带来了设计、生产、销售等岗位的创新，彻底改变了行业生态。在时尚产业链环节中，最容易实现人工智能化的是产品设计。人工智能通过对同一图案的自动变形，按照色彩协调规则，模拟协调性的规律，可以进行自动调色。同时，计算机视觉算法能够从原有时装表演视频中估算出骨骼运动数据，并将这些数据转换为 3D 姿态模拟。

---

❶ 引自京东数科等《中国资管科技发展报告（2020）》。

2. 区块链（Blockchain）

区块链的本质是一个分布式的数据库，由全网参与者共同管理和维护。每个数据块中都包含一定时间内的系统全部信息流，并生成密码，用于验证其信息的有效性和链接下一个数据块。基于去中心化、开放性、自治性、安全性和匿名性等特性，区块链技术在时尚产业领域正在逐步开始使用。目前，区块链技术在时尚行业中最直接的应用，就是防伪和溯源。防伪关乎于识别产品的奢侈品稀缺属性，而溯源更关乎于近来时尚业大力提倡的可持续发展。

3. 云计算（Cloud Computing）

云计算（Cloud Computing）的服务模式包括 SaaS、PaaS 和 IaaS 三个层次。SaaS 提供运行在云计算基础设施上的应用程序，用户可以在各种设备上通过客户端界面访问；PaaS 提供给用户的是在云计算基础设施上部署好的软件运行平台，用户能通过平台进行应用部署；IaaS 提供给用户的服务是对所有计算基础设施的利用，用户能够部署和运行任意软件。PaaS 和 IaaS 可以直接通过平台向用户提供服务，也可以作为 SaaS 模式的支撑平台向用户提供服务。云计算是时尚产业数字化的重要技术手段。以服装 Saas 软件为例，它可以运用云计算，通过网络提供服装行业相关的软件和服务。该软件可以帮助企业实现数字化转型，提升生产效率和管理水平。服装 SaaS 软件的应用场景广泛，包括研发与设计、生产、供应链和销售营销等方面。在时尚产业中，服装 SaaS 软件扮演着重要的角色，它不仅可以帮助企业高效完成研发和设计流程，还能够加速销售和营销活动。

4. 大数据（Big Data）

互联世代已经从人与人的互联，扩展到人与物的互联，以及物与物的互联。无处不在的移动通信、4G 和 5G 高带宽高传输速度网络的发展、超高密度的大容量数据存储装置以及各种类型的传感器件创造了以前不可能想象的海量信息。大数据就是在这些海量数据的基础上，通过图像识别、数据挖掘技术等，快速推进时尚产业的数字化进程。大数据技术已经成为时尚产业发展的"新基建"与"新能源"，加之与虚拟现实、人工智能、3D 打印、物联网等新技术的深度结合与快速迭代升级，正在从创意设计、产品开发、生产制造、品牌运营管理、商业渠道等各个环节，改变着我国时尚产业的业态和运作模式。目前，主要应用以下三个领域。

（1）借助大数据技术提升时尚设计与产品开发能力。基于中国时尚产业规模大、数据资源丰富、应用场景广阔的优势，大数据技术在时尚产品设计开发领域的创新融合应用快速增长。通过大数据搜索、挖掘、关联、理解、生成等技术，研究预测产品开发所需的色彩、材料、图案、廓型、细节等，获取未来流行趋势；扩展产品设计开发的灵感来源，帮助设计开发人员提高工作效率，提高产品创新力与消费引领力；为原创设计产品提供便捷、可行、高效的知识产权维权平台，为原创设计提供更加良性的土壤。

（2）依托大数据技术进行精细化品牌营销。通过构建消费者画像，进行精细化营销，进而降低风险与成本损耗，推进精准化品牌运营，通过升级营销模式，发展新业态、新模式，营造消费新场景，实现时尚产业运营的降本、提质、增效，以及老字号品牌革新。

（3）利用大数据技术打造快速柔性供应链体系。应用数据预测分析优化供应链，打造以顾客为中心，通过精确预测需求来拉动生产和服务的拉式供应链，以及能够灵活配置资源、快速准确响应需求的敏捷供应链；通过建设数据中台，实现高效协同的数字化供应链；打通 OMS、WMS、CRP、POS、ERP 等信息管理系统，完成从分散到集中的转型，实现供应链端到端的数据采集和整合，实现供应链协同化运营。

（三）重大原创成果

近年来，我国重大创新成果竞相涌现，创新能力持续提升。通常来说，重大原创领域包括多个领域，例如，高端装备制造、航空航天、海洋工程、生物医药等。这些领域的科技现代化将推动相应领域的技术进步、创新和发展，促进国家在这些领域的实力提升，并为其带来巨大的经济社会效益。

在科技现代化的推动下，我国时尚产业也涌现了很多重大原创成果。例如，生物合成技术，深圳市灵蛛科技公司是全球第一家，也是唯一一家运用蛛丝蛋白制备成人造皮革，并实现规范化商业生产的生物技术企业。"灵蛛专利蛋白"是以蛛丝蛋白的结构为灵感，与细菌纤维素、农业废料、天然藻类等自然界丰富多样的材料相融合，设计出高性能的生物材料。这种材料手感类似真皮，却又比真皮更有弹性、抗拉伸、抗撕裂、防水、耐刮擦、耐高温，而且 100% 可降解。

推动重大原创领域的科技现代化需要各方面的支持和配合。政府需要出台更多的政策，对相关领域的研发进行投资和支持，同时培育创新人才和吸引高端人才，以推动技术创新和发展。除此之外，企业也需要加强技术研究和开发投入，提升产品质量和技术水平，并加强国际合作和技术转移，在国际舞台上展示和竞争这些领域的技术和创新成果。

（四）科技人才队伍

我国要实现高水平科技自立自强，归根结底要靠高水平创新人才。科技人才队伍现代化是指以适应科技创新发展的需求为导向，着力培养创新型、复合型、国际化的高素质人才，以提高我国科学技术创新的能力和水平。具体包括以下方面。

（1）培养科技企业所需的高层次人才和技术人才，形成能够推动产业创新和产业升级的创新型、复合型、国际化人才队伍。

（2）引进海外高端人才和高技能人才，通过交流合作、引智和留才等方式使国内科技领域的人才队伍更加国际化。

（3）促进科研机构与产业界的密切合作，加强技术创新、人才交流和技术转化，形成有利于科技人才发展的良好环境。

（4）推动教育体制改革，注重培养实践能力、团队合作能力和创新精神，并加强对科技人才的职业培训和终身学习。

通过科技人才队伍现代化，可以有效增强国家的科技创新能力，提升国家整体竞争力，实现经济转型升级和全面创新发展。

二、北京时尚产业与科技创新融合发展的探索与成效

时尚产业发展至今，已经成为文化、科技、创意设计等方面软实力的标志，众多学者普遍认为时尚产业已经不再局限于服装服饰等传统制造业，涉及的范围不仅包含各个时尚产品的产业，还涵盖了各个时尚产业所处价值链上的都市产业。当前的时尚产业是对各类传统产业资源要素进行整合、提升、组合后，满足不断滋生的时尚消费而形成的产业集群。

时尚产业升级与科技应用的高度融合是发展的必然选择。在新技术、新产业的推动下，时尚产业与科技融合发展形成了一种"业态创新"模式，主要表现为市场主体以新的经营方式、技术及手段来运作传统或创新内容，由此创造出新形式、新风格或新产品组合的新式时尚产业形态，以满足不同的时尚消费需求。

数字化是当下时尚产业最为关注的议题之一。数字时尚是时尚产业和数字科技跨界融合的产物。随着数字技术的不断革新，时尚产业将其运用到产业的各个环节。从生产到仓储再到销售，整个产业链在数据化、智能化的趋势下都发生了翻天覆地的变化。数字信息技术与产业的深度融合，将带来显著的集成协同效应。数字时尚涉及范围较为宽泛，主要包括传统时尚产业的数字化生产、交易和纯数字化的虚拟时尚两大类。数字化时代的到来，加速了工具的变革，引发时尚要素的重新整合，使时尚品不再局限于传统固有的形式。时尚产业在数字信息技术的推动下，生产者与消费者之间直接、高频次且长期持续的联系和交互，改变传统的时尚商业模式，数字时尚得到前所未有的发展。据麦锡 The State of Fashion Technology 统计，2020 年电子商务在全球时尚销售中的份额较 2018 年几乎翻了一番，2021 年全球虚拟商品支出约 1100 亿美元，是 2015 年总额的两倍多。据 2021 年时尚电商报告数据显示，预计在未来 5 年内，时尚电商将以 7.18% 的复合年增长率增长，达到 1 万亿美元的市场规模（图 7-1）。

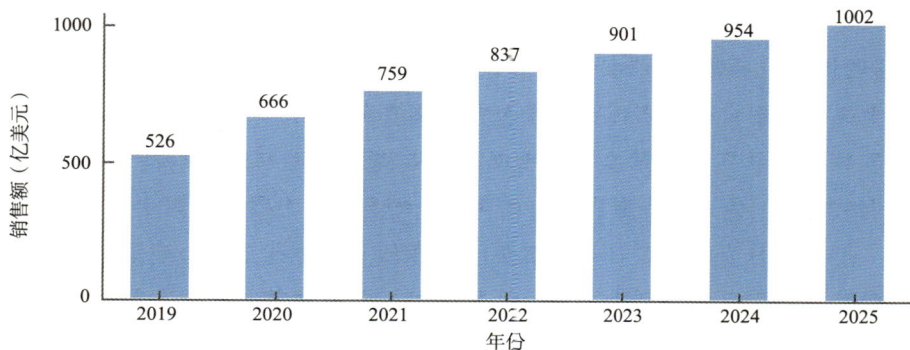

图 7-1　时尚电商预计规模

数据来源：Statista

（一）时尚设计数字化

时尚设计是时尚产业发展的核心要素，是数字技术应用最活跃的环节。随着数字技术的大量引入，时尚设计领域发生了巨大的变化。企业、设计师可以快速通过数字化手段捕捉消费者的兴趣和需求，提升大众时尚设计参与度。数字化实现了基于大数据、以用户为中心的个性化定制，能够实现精细化的客户关系管理，精准提升消费体验。北京时尚设计数字化已经取得了一定的进展，将3D打印技术与时尚消费品关联，帮助设计师与制造商缩短产品研制周期，更好地满足时尚消费品错综复杂的多样性，实现深度的用户定制。例如，北京时尚集团控股旗下的铜牛集团组建了3D数字工作室，通过3D数字设计和研发设计，将制衣周期从77天缩短到33天左右。从总体来看，在消费升级的背景下，消费者的需求更趋于多样化、个性化，产品设计面临高频次、短周期、个性化的压力。将数字化技术运用到开发设计环节，有助于解决传统设计流程周期长、效率低、成本高的问题，赋能企业更好地应对消费者快速多变、个性化的消费需求。与传统设计相比，数字化设计在设计意图的表达上更直观，修改完善更全面，设计数据共享更便捷，设计效率更高。数字制图技术可以使设计人员快速起草和调整设计图纸，三维模拟技术可以快速解决设计与人体的拟合问题，数字化设计更是减少了选样中使用的原型和样本的数量，大大地节省了开发时间，提升了开发效率，节约了开发成本。同时，企业可以根据消费者的需求，运用大数据、人工智能等技术，充分识别和深度挖掘消费者引领的潮流趋势。在此基础上，企业应用数字技术，进行精细的消费者人群画像与精准的消费者数据分析，更加精确地定位目标人群，真正做出满足消费者不断变化的消费喜好的设计，做出千人千面的设计，满足消费者个性化消费的需求。

（二）时尚制造数字化

"90后"日益成为时尚消费的主力军，服装等时尚商品的偏好日益多元化和个性化，线上消费的多样性促使新兴品牌和知名企业的子品牌不断涌现，时尚迭代变化越来越快，款式周期越来越短。在这一趋势下，批量大、款式少、排期稳定的产品显著减少，企业被迫开始接受单量小、返单频次高的产品，这对于企业灵活、快速响应的制造能力要求越来越高（图7-2）。

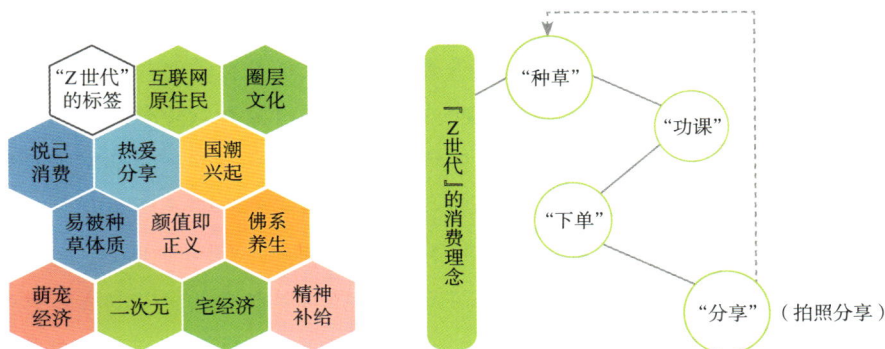

图 7-2　中国 "Z 世代" 的消费标签

资料来源：艾瑞咨询《2021年新式消费连锁品牌数字化转型趋势白皮书》

在消费升级浪潮下，更多个性化、多元化的时尚消费需求倒逼时装产业进行更新调整，以数字化、智能化、网络化为创新发展的驱动力，推动管理模式和生产方式的深刻变革，实现新旧生产方式的转换。在市场压力的驱动下，企业以数字化、智能化提升管理运营、生产制造、供应链的效率，通过管理流程信息化、生产过程智能化、物流仓储智能化等提升智能制造能力。管理流程信息化主要是采用ERP、PLM、MES、WMS等信息管理系统改善企业业务流程，畅通企业内部的信息流，提升不同系统之间的业务协同，使运营管理更加高效，提高企业核心竞争力。生产过程智能化要实现信息与设备的深度融合，通过物料、设备和人的数据连通，实现对生产过程的实时协调、控制和监管，形成更高效率、更低成本、更高品质的生产方式。物流仓储智能化主要是通过应用射频识别、传感器等物联网技术，实现物料、制成品、备品备件的出入库、工序间流转、质检等过程的全方位有效管控，快速备料及配送，提高仓库流转效率，最大限度提升仓库利用率，降低仓库物流管理成本。

应用数据预测分析优化供应链，打造以顾客为中心、通过精确预测需求来拉动生产和服务的拉式供应链，以及能够灵活配置资源、快速准确响应需求的敏捷供应链；通过建设数据中台，实现高效协同的数字化供应链；打通OMS、WMS、DRP、POS、ERP等信息管理系统，完成从分散到集中的转型，实现供应链端到端的数据采集和整合，实现供应链协同化运营。

1.面辅料精准快捷采购

以建立庞大的面辅料等资源库为基础，进行供应商、产能、材质、颜色、风格、用途等多维度分类，进而帮助采购方实现采购需求精准匹配、快速响应。

2.供应链产能共享

通过建立供应链各方基础数据库，整合上下游产业资源；通过数字化平台发布生产制造需求，链接相应资源，通过信息系统集成和协同，打破企业边界，集聚多个生产单元和上下游企业共享数据、协同生产（图7-3）。

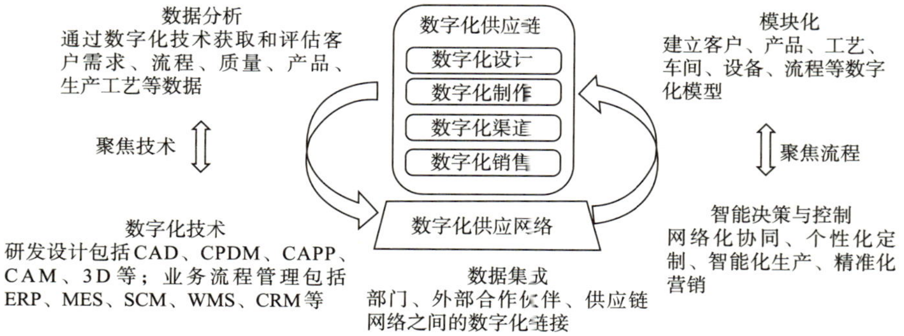

图 7-3　纺织服装时尚产业数字化供应链

3.原创设计成果转化

搭建原创设计作品数据库、生产企业数据库，一方面，发布原创设计作品，与生产企业进行匹配，实现设计成果转化；另一方面，通过发布生产企业及品牌商设计需求，与设计师及设计机构进行匹配，实现创意设计众包。

4.定制模式降本增效

借助大数据、互联网、物联网等技术手段，构建人体多维数据库，在满足个性化需求、提升产品差异性的同时，降低中间环节成本、缩短加工制造周期、避免库存压力，实现低成本、高效能、大批量的个性化定制。

北京市时尚企业积极采取数字技术，进行时尚制造的数字化。以铜牛集团为例，通过国内先进的人体三维数字化测量系统，精准获取人体三维数据，实现了快速地量体裁衣，为互联网定制服务提供了技术支持。

（三）时尚零售数字化

时尚产业数字化转型升级的本质是以终端消费需求为驱动力，利用互联网、物联网、大数据等技术进行产业链全面数字化改造。而数字化营销则是企业数字化转型的第一步，通过大量销售数据沉淀分析进而指导企业研发生产等业务环节。

1.销售渠道"线上+线下"的融合

线上线下融合是时尚产业销售渠道的发展趋势。

（1）线上多元化，新平台快速兴起。兴趣类App占据了消费者越来越多的时间，线上的流量逐步分化，小红书、抖音、快手及拼多多、得物等众多新平台快速兴起。

（2）直播电商方兴未艾，品牌积极布局。电商直播成为服装行业重要销售方式之一。在直播过程中，可以通过弹幕和消费者互动，及时了解和反馈消费者需求，加深品牌和消费者的联系，提高黏性和转化率。直播已经成为电商市场常态化的营销方式与销售渠道，仍有较大成长空间。艾瑞咨询的数据显示，2021年中国直播电商市场规模超过1.3万亿元，预计2020—2023年复合年均增长率（CAGR）为58.3%，2023年直播电商规模将超过4.9万亿元。

（3）线下渠道持续优化，质量优于数量。现阶段国内品牌服装行业已经走过了渠道高速扩张、以量取胜的时期，"提质"已经成为当前各品牌在渠道端的战略重心。在大数据赋能时代，线下门店销售货品的同时还将更多负责与消费者进行互动与联系，以提高对终端的掌控力，更好地推新和品牌力提升。以北京的京港时尚购物商城等时尚零售商为例，纷纷开设线上电商平台，同时在线下实体店推广电商消费，将线上线下优势融合，满足消费者的购物需求（图7-4）。

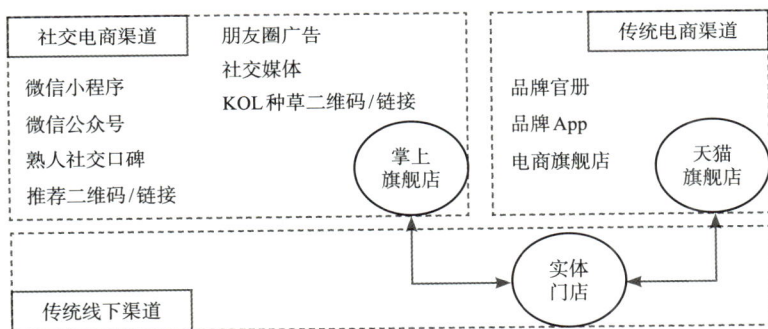

图7-4　纺织服装时尚产品数字化渠道布局

2.借助数字化手段提升销售服务效率

（1）越来越多的时装企业通过智能自动化提高销售系统的效率，使用数据收集、预测分析和指导改进销售流程，实现对顾客行为、偏好、需求等方面的数据分析，推出更符合消费者需求的款式和配件，最大化提升用户的购物体验。

（2）时装企业通过聊天机器人和语音助手设备如Amazon Alexa、Apple Siri、Google Home和微软Cortana，为消费者提供服务，其工作效率是人工拨打效率的5倍，并可通过收集客户问题数据，了解客户需求和趋势、购买模式以及相关建议等。这种互动为客户提供了满足感，也为企业提供了更多有价值的信息。

（3）北京APM等高端商场的时尚零售商通过创新营销手段，提高用户黏性，如采用虚拟试衣间技术、VR技术等，让消费者更直观地了解所购买的产品。除此之外，消费者可以拍摄喜欢的服装款式，智能图像识别系统可将照片与可供出售的物品相匹配，便于消费者找到并购买相同的服装款式，基于数据的深度挖掘，还可实现用户画像、广告投放对象的高效匹配以及广告效果的精准可估。如通过人工智能可自动搜索和挖掘受众反馈与评论数据，根据受众偏好、消费行为和内容需求等进行精准分类，实现个性化推荐，制定或者调整产品策略，实现精准营销。

（四）时尚园区数字化

时尚产业在我国国民经济中具有重要的发展地位和庞大的规模体量。时尚产业门类众多，产业链条丰富，产业环节交错发展，推进数字化转型发展，需要打破众多行业壁垒，整合多方面资源，联合大量产业主体，数字化转型发展任务艰巨，同时蕴藏着巨大的价值发掘空间。

园区化发展是我国时尚产业的突出特征，时尚园区是承载我国时尚产业高质量发展的重要载体，肩负着通过数字化发展提升产业运行品质，实现新旧动能转换，助推国家经济与社会转型升级的时代重任。总体来看，时尚园区是集成了时尚产业链上下游企业、设计机构、创意孵化机构及相关服务机构等各类产业的园区，是时尚产业生态圈的重要组成部分。时尚园区通过集聚时尚产业要素和优化产业生态，促进时尚产业的集聚化和升级，提升时尚产业的竞争力和创新能力。时尚园区通常包括传媒中心、设计中心、产业孵化中心、展览中心、交易中心、办公中心、生产制造中心等多个功能区域。时尚园区还会为入驻企业和机构提供各种配套服务，如金融服务、法律咨询、人才培养、创新研发、品牌推广等服务。目前北京时尚园区主要包括751D·PARK、北京服装学院时尚创意产业基地、北京国际时尚产业博览园。除此之外，北京还有以"三里屯"为代表的时尚商圈，吸引了众多国内外时尚品牌和设计师入驻，成为北京时尚产业的重要组成部分。

时尚园区在推动时尚产业升级和发展方面起到了积极的作用，集聚时尚产业要素和创业创新资源，促进产业的融合和交流，提高产业的核心竞争力和创新能力。同时，时尚园区还可以促进城市经济的发展和城市形象的提升。

1.时尚园区数字化的优点

时尚园区数字化是指将时尚产业园区的各项业务、管理和服务等数字化，以提升管理效率和用户体验。具体来说，数字化时尚园区可通过智能化管理，实现自动化生产、节能减排、安全监控等。同时，数字化时尚园区还可通过云平台、移动应用等方式，提供信息化服务、智慧化决策等，满足业主、租户和用户的各种需求。

数字化时尚园区的优点主要有以下几点。

（1）提高管理效率和服务质量。数字化时尚园区能够实现对各项业务的全面监控和管理，为业主、租户和用户提供更优质的服务。

（2）降低成本和提高效益。数字化时尚园区通过自动化生产等方式，可以降低生产成本和提高生产效益。

（3）提升用户体验和满意度。数字化时尚园区能够通过智慧化决策、信息化服务等方式，满足用户的多样化需求，提升用户的体验和满意度。

2.时尚园区数字化打造的措施

北京已经建立起多个数字化时尚园区，北京首钢园是近年来规模体量大、发展速度快、影响力广泛的一个时尚园区。首钢园以园区工业遗址为基点，划分为北区、南区和东南区。北区为"三带五区"的空间结构布局，规划范围总用地面积为291万平方米，建筑规模为182万平方米，现已建成初具规模的首钢园区体育场馆群，初步形成国际化视野的潮流运动中心和"体育+产业"融合创新中心。南区作为典型钢铁工艺设施的密集分布区，建筑规模为390万平方米，以"两带五区"为空间结构布局，保留下了很多原钢铁厂设施。东南区新建"新首钢国际人才社区核心区"，被赋予人才引进、国际交流和商务服务等功能，为国际人才创新创业、国际企业总部落地提供支撑。围绕时尚园区的建设，首钢园采取了以下措施：

（1）借助数字化手段打造时尚"园中园"。曾经用于存储铁原料的西十筒仓，转型成为北京2022年冬季奥运会和冬季残奥组委会办公地。西十冬奥广场是首钢园进入转型发展阶段的第一个改造项目，再现工业风貌的同时融合生态科技办公理念，成为集办公、会议、交流、休闲、健身、餐饮为一体的Mini首钢园。北七筒拥有层高4.7米的高挑空办公空间，工业风貌壮丽，是低密度的"园中园"，紧邻阜石路和冬奥组委会办公区，周边配套有立体停车库、星巴克、首钢工舍洲际假日酒店等设施。

（2）承接举办数字化时尚活动。往日承担冶炼功能的功勋高炉——3号高炉，改造后成为集企业新品发布、大型展览展示交流于一体的多功能城市空间，是首钢最具特色的展览展示中心。一系列优质产业项目和基地中心逐步落地，包括"全球首发中心""新型会展中心"等。2021年9月16日，在首钢园3号高炉开启2021北京时装周潮流发布，首钢园作为2021北京时装周线下会场，在四天内举行了12场潮流发布，燃动京城时尚烽火，成为品牌发布大型舞台。

（3）培育数字化产业生态。首钢园持续改善产业生态环境，形成了促进大中小企业融合创新发展的科幻产业联合体、科技与体育跨界融合的产业新模式、企业与资源的导入平台中关村科幻产业创新中心。借助科幻产业联合体平台，大中小科幻企业可以在首钢园实现"联合创新"，不仅体现在信息共享交流层面，更多是打造产业发展的共同体。目前联合体已经促成了多家成员单位之间的业务合作，例如，优奈柯恩基于自主研发的核心硬件产品NrealLight及AR空间操作系统Nebula，可作为全球科幻产业开发者用于5G+AR内容开发的公共服务平台。诺亦腾计划推出的光惯混合动作捕捉关键技术公共平台，可满足虚拟拍摄、虚拟数字人等创意制作。天图万境计划打造的电影工业公共服务平台，可广泛应用于影视拍摄、短视频制作、视频直播、VR、AR、游戏及360°环幕电影等。

（4）搭建数字化公共服务平台。首钢园正在建设线上线下融合的科幻产业公共服务平台，赋能园区企业发展。据了解，科幻产业公共服务平台线上部分为"全球科幻生态开发者平台"，已经集成全景声"WANOS声学平台"、灵犀AR阿拉丁开发平台等多个公共技术服务平台，线下平台有光学影像全栈式技术、科幻产业专利池、高精度空间感知、多模态交互、全息渲染等各项5G+AR功能及底层算法开源、基于光惯混合动作捕捉、XR虚拟拍摄等线下公共服务平台。据了解，北京市将围绕首钢园建设元宇宙应用场景，打造具有国际影响力的元宇宙示范应用新高地。首钢园将联合入园企业，依托工业遗存资源禀赋和冬奥场馆空间，以1号高炉SoReal超体空间、瞭仓沉浸式数字科幻博物馆、华为河图元宇宙等应用场景为切入口，打造数字创新"试验场"，赋能园区企业发展。

（5）数字化打造产业创新中心。园区产业生态的搭建离不开以中关村科幻产业创新中心（元宇宙中心）等为代表的资源平台的助力。创新中心以科幻、元宇宙产业为主导，面向北京市建设国际科技创新中心、全球数字经济标杆城市、国际消费中心城市重大战略，布局"一空间、一平台、一大赛、一中心、一基金"，形成以场景应用为牵引、以技术突破为关键，支持科幻技术关键环节创新及全链条发展，促进科幻技术企业集聚，助推科幻产业集聚区建设。截至2022年3月，已有25家企业在创新中心陆续开始空间选位，其中技术企业20家、内容企业5家。创新中心于2022年5—6月盛大开业，期间举办了项目签约、企业入驻等一系列活动。

（6）促进数字化对外交流。在搭建产业平台方面，首钢园拥有高能级展示交流平台（服贸会）、高水平产业服务平台（中国科幻大会）和多维度场景应用平台。首钢园不仅承载上述会议的举办地功能，而且充分链接赋能整个行业，帮助园区入驻企业与行业相连。

三、北京时尚产业与科技创新融合发展的问题与挑战

北京是中国时尚产业的领头羊，拥有丰富的资源和庞大的市场。近年来，随着科技的不断发展和创新，北京时尚产业与科技的融合越来越紧密，为时尚产业注入

了新的活力和创新力。但是，必须还要看到，北京时尚产业与科技创新的融合发展仍存在一些问题与挑战。

（一）科技与时尚融合程度有待加强

尽管北京的时尚产业正在积极探索数字化转型，但数字化程度相对来说还比较低，科技与时尚的融合程度仍有待加强。部分企业还停留在简单的线上销售和推广阶段，对于线上和线下的结合，对于数据挖掘、人工智能等高新技术的应用还比较局限，这就限制了时尚产业更深层次的创新能力。

1.时尚企业数字化能力不足

时尚企业需要大力加强数字化转型能力，通过数据挖掘和人工智能等技术，实现精准的产品定制和创新、无缝连接的营销链条以及供应链的智能升级等。这些需要时尚企业在数字化转型方面大力投入，与科技领域的企业实现深度合作。

2.急需建设智慧生产与物流体系

时尚企业需要构建智慧生产体系和智能交互、物联网智能物流系统等创新体系，通过先进技术构建跨界新生态。同时，也应该加强分工合作和联合创新，形成生态链并共同推进时尚产业与科技合作。

3.拓展数字化营销

北京时尚产业运营模式创新与国际时尚之都相比有较大差距，时尚产业营销系统建设不够健全，时装周、设计周等时尚展示发布平台的创新要素、规模层次及国际影响力不够。急需推进数字化营销渠道建设，包括传统电商平台、新媒体电商平台、私域触点建设等。

4.运营模式缺乏创新，科技赋能有待增强

人工智能、物联网、区块链等新一代信息技术在时尚设计、制造、渠道、营销等各环节的应用不够、融合不足，科技赋能时尚创新运营模式建设成为当务之急。

5.产教融合支撑不足，人才保障有待完善

北京的时尚产业仍需要增加专业人才和有经验的团队，以适应不断增加的商业竞争和发展的压力。北京高端时尚教育资源与国际时尚之都相比仍有差距，时尚领域高层次人才培育的产教融合机制还需健全。同时，对知名设计大师、时尚买手、时尚企业管理及营销人员聚集的政策保障不够，国际时尚领军人才以及本土时尚高端人才缺乏成为短板。

（二）商业化落地速度仍需提升

虽然北京是国内时尚产业的重要中心之一，具有丰富的设计和制造资源，但商业化落地速度却有待加速。

1.品牌创新速度较慢

北京服装产业经过多年的高速发展和优化升级，已经出现了一批规模较大的上市企业和在全国有一定知名度的服装服饰品牌，但产业总体规模仍然落后于上海、深圳、广州等地，仍然没有一家世界级的服装服饰企业，没有一个世界级的服装服饰知名品牌。同时，北京的时尚企业在品牌创新方面还存在一定的滞后。部分品牌往往停留在基础产品设计阶段，没有开发更有竞争力的品牌，导致更难以吸引新客户。

2.市场推广难度较大

时尚产业的市场推广需求较为多样，难以针对所有消费者需求量身打造营销策略和服务。这需要时尚企业进一步调查了解目标消费者，精细化市场推广，制定合适的营销策略和渠道策略。

3.资本投入不足

时尚产业需要大量的资本投入。然而，时尚企业往往缺乏足够的资金支撑，这导致他们无法在营销、资源整合和人才吸引等方面取得最佳创业效果。因此，企业需要进一步完善资本市场环境，增加资金投入，提高资本使用效率，助推时尚产业的发展。

（三）时尚智造模式亟待创新

以服装服饰等为代表的时尚制造是北京时尚产业的重要传统优势板块。随着全球科技和产业革命的深入推进，时尚产业与大数据、云计算、机器人等新一代信息技术的融合进一步深化，加快向时尚智造领域延伸。包括时尚智造企业加快智能化升级，数字技术助力行业模式创新升级等。北京市积极推动传统纺织服装产业技术创新、结构调整、产品优化，积极推进科技、数字赋能，在品牌运营、文化创意、科技服务、渠道升级等数字化转型升级，加快由时尚制造向时尚智造转型。以北京时尚控股旗下的企业铜牛信息科技为例，该企业设立3D数字工作室，依托数字技术把制衣行业从原材料到成衣的全过程周期从77天缩短到33天，大大提高了效率，带来了行业发展模式的重要变革。但是，与国内外先进水平相比，北京时尚智造发展水平仍有一定的不足，但在智造模式方面仍亟待创新。

1.时尚智造的数字化水平整体不高

总体来看，北京数字时尚的重点集中在数字营销，在时尚智造领域的数字化程度有待提升，数字时尚产业集群化水平有限。

2.协同制造与云端制造能力急需提升

协同制造和云端制造是智能制造的重要技术手段之一，时尚产业可以和供应链各方展开协作，共同推动协同制造技术的创新发展。同时，借助云端制造技术，通过网络和人工智能技术的深度融合，企业可以将公司的物理资产和数字资产无缝衔接，完成更加高效的生产、流转和消费。但北京服装等企业仍需加快这一能力建设，产业链还没有构建形成高效、强大的产业生态。

3.可持续发展的实践需要进一步探索

可持续时尚生产模式是时尚智造模式创新的方向之一。通过环保减排、物流绿色化、裁剪节约等实践，时尚产业可以在保持高品质、高效和创新方面，同时降低环境影响，提高生产效率，实现经济效益、环保效益和社会效益的协调发展。但北京时尚产业仍然存在服装产业以生产加工为主，品牌创新不足；生产环节节碳环保工艺不足，相关材料循环利用有待提升等问题。

（四）关键领域技术壁垒优势不够突出

北京的时尚产业虽然已经取得了较大的成功，但在产业发展中仍存在技术壁垒。目前，北京时尚产业的关键领域技术壁垒主要包括以下几个方面。

1.设计技术壁垒

尽管北京时尚产业拥有众多有创意的设计师和设计机构，但要在国际时尚产业中占据一席之地，仍需要创意、设计能力和品牌营销等多方面的技术壁垒。

2.材料与工艺技术壁垒

时尚产业需要不断地探索新的材料与工艺，提高产品的品质、性能和价值。但这一领域需要大量的研发和创新，这也是时尚产业发展过程中的技术壁垒之一。北京服装等企业虽然一直在致力于基础材料和工艺的创新，但是与世界先进水平仍有较大差距。

3.数字化技术壁垒

随着智能化的发展和数字化技术的成熟应用，数字化技术已成为推动时尚产业升级和发展的必然选择，具有较高的技术壁垒。虽然在北京的时尚产业领域已经广泛地采取数字化技术，但是数字时尚创新的整体质量不高，供应链安全和现代化程度有待提升，政策法规配套和监管尚不健全，技术、人才和运营面临新的挑战。

四、北京时尚产业与科技创新融合发展的对策建议

（一）推进时尚产业数字技术创新研发与成果转化

1.加快推进时尚科技的基础研究、创意转化和商业应用协同发展进程

建立北京市相关单位与在京高校、科研院所的深层次对接机制，加强相关领域的基础科学研究，加快时尚产业基础数据库及有关创意设计、柔性制造、供应链管理、市场营销等数字化服务平台建设。积极开展5G、人工智能、元宇宙在时尚体

验空间、时尚消费场景中的应用。充分利用数字技术，在新材料的研发转化、常规面辅料绿色环保、专业领域功能化要求、特殊人群差别化需求等领域加强创意转化。加快推动相关新兴前沿数字技术和前沿创意设计成果在时尚产业中的商业应用进程。

2. 依托京津冀协同发展，构建时尚科技、时尚产业及时尚教育的跨区域协作体系

以北京为主体，建设京津冀时尚科技创新中心、时尚高等教育中心和时尚国际交流展示中心，引领带动京津冀时尚产业协同发展。北京与天津、河北加强时尚产业相关园区、教学实训基地等合作，培养一批高素质的时尚技能人才，逐步完善北京市配套的跨区域时尚轻工制造产业链集群。河北省可依托白沟大红门国际服装城、东贸国际服装城、永清云裳小镇、沧州东塑明珠商贸城、衡水纺织服装产业园、石家庄乐城国际贸易城等平台，有序承接京津服装产业转移，成为京津冀时尚产业的物流集散中心和商贸批发基地。

打造跨区域时尚产业数字平台经济和数字共享经济。以购买服务或者政府资金引导等模式建立各类"时尚云"，汇聚最佳产能信息、原辅料和配件配饰等推送展示和供应商信息、产业服务优选等内容；鼓励发展"智能化共享工厂""5G共享板房"和"共享量体服务"等共享经济，按照先行先试的原则适度放宽在产业准入、土地规划以及高新企业认定等方面的门槛，发挥其链接首都时尚产业缺失环节的补足作用；对相关建设项目按照首都鼓励发展的高精尖产品目录予以支持；引导龙头企业、工业互联网平台企业与中小微企业供需对接，向其提供"低成本、易维护、强安全、高效能"的先期应用；加强研究时尚数据资产的确权、评估、交易和补偿的标准与制度，时尚企业数字信息隐私保护制度。

3. 加强科技与时尚产业交叉人才队伍建设，夯实时尚产业数字化发展基础

现代时尚产业具有战略性新兴产业特征，是典型的融合型产业，跨越设计创意、高新技术、信息技术、文化产业等多行业，需要大量通晓相关产业规律、技术融合型的中高端人才支撑产业创新发展。因此，需要通过创新人才工作机制、优化人才培养结构等，推进科技与时尚产业交叉人才队伍建设。

（1）加强人才引进。通过采取更灵活的引进机制，为时尚产业与科技创新引进相适应的高手、专家人才，优化创新人才的阵容和能力，进一步发挥人才在产业和科技创新中的作用。加强产业的人才梯队建设，凝聚有国际影响力的设计师人才、时尚领域的复合管理人才和工匠大师等时尚高端人才。

（2）推进高校合作。加强与高校、科研院所和法人研究机构的联合研发，整合全球研究资源，提升技术创新能力和技术壁垒，构建时尚设计、时尚智造、时尚营销传播、时尚消费、时尚创业"五位一体"的时尚产业链体系，使之适应时尚产业需求。

（3）完善时尚产业人才培养体系。根据时尚产业数字化发展的需要，加强本地院校与粤港澳大湾区教育培训机构、时尚企业及行业协会的合作，构建一流高水平"产、教、研"为一体的时尚高地，培训紧缺的时尚设计师、时尚买手、时尚与奢侈品管理、时尚品牌运营等人才。一是完善现有时尚专业学历人才课程体系，增加数字化相关技术课程。二是加强时尚产业从业人才培养体系，根据岗位运营需要，构建具有中国特色、融通国际标准、横跨学科门类的时尚产业学科和综合化课程体系。三是提升时尚产业高管人才综合素质，提供行业前沿交流学习机会，开阔视野。

（4）完善人才发展生态环境和服务体系。针对设计企业轻资产、重智力的特点，要重视发挥设计师的核心作用，研究制定针对时尚设计人才的专项培育政策和扶持措施。要不断完善人才发展的生态环境，依托北京服装学院、清华大学等院校资源优势，不断完善北京设计人才培养体系，培育新生人才、留住存量人才、吸引增量人才；要不断完善人才发展的政策服务体系，吸引高端设计人才落户，吸引全球设计师、国际时尚界人士、全球时尚媒体聚集北京。

（二）加大数字技术在时尚产业中的推广应用

1. 以数字赋能提升产业运营效率和发展质量

大力推进时尚智造工厂、智慧时尚商圈、数字化沉浸式时尚消费场景等建设，推进时尚企业在生产制造、客户服务、营销管理等方面的数字化进程。充分运用移动互联网、数字传媒等数字技术，构建多元、立体、高效、覆盖面广、功能强大的时尚传播网络，提升时尚产业的传播力和影响力。

建设数据驱动的时尚产业运营体系，在数据采集、数据标注、数据存储、数据挖掘和分析、数据交换等环节形成数据产业体系。

2. 依托数字技术促进时尚创意的快速转化与充分产业化

充分依托北京市先进制造业和现代服务业融合发展试点，全面推进北京市服务业扩大开放综合试点工作，以数据和技术为核心驱动，以体制机制改革创新为制度保障，推动时尚内容生产流程数字化、时尚创作主体专业化和时尚内容生产工业化。

3. 构建时尚消费数字化、多元化、沉浸式场景体系

营造消费场景，打造社交化、浸入式的数字时尚消费场景，实现从大众市场到单元市场到人人市场全覆盖，精准服务每位消费者。充分运用 5G、AR 和 VR、物联网等新一代信息技术，结合北京市首店经济、夜间经济等发展举措，以三里屯、蓝色港湾、国贸、望京等商圈为试点，打造数字化沉浸式时尚消费空间。抓住北京

市服务业扩大开放综合试点，大力发展跨境时尚文化贸易，搭建时尚文化贸易公共服务平台。加快推动跨境电子商务综合试验区发展，高水平打造跨境电商示范体验店。

（三）推动时尚产业与文化创意、数字经济跨界融合

1.充分利用数字技术，推进时尚文化的要素化、标准化开发

综合运用大数据、人工智能、物联网等技术，将时尚作为重要元素融入重点商圈建设、社区改造、公共开敞空间设计、文化活动、国际交流活动等领域，形成一批无形、有形相结合的城市时尚文化资产。围绕内容创作、创意设计、时尚展演、时尚传播、消费体验等时尚领域关键环节，推动数字技术应用，培育新型时尚文化业态和时尚文化消费模式。依托设计之都及文化创意产业发展基础，借鉴国家文化大数据联盟及《国家文化大数据标准体系》（T/NCBD 1—2021）的做法，研究制定覆盖基础、监管、供给端、生产端、云端和需求端等环节的数字时尚数据体系，规范时尚大数据服务与监管模式，促进知识共享，降低研发成本，推动数字时尚经济健康、有序发展。

2.以"时尚IP+""时尚内容+""时尚数据+"促进时尚、科技、教育深度融合

（1）以"时尚IP+"为核心，拓展知识产权、投融资领域合作。研究将时尚文化资源进行数据化提取和原创性设计等开发后形成全新的知识产权包，推动IP周边的衍生授权、空间场景授权、品牌合作推广等不同形式的知识产权转让、合作，创造"时尚IP+文旅""时尚IP+商圈""时尚IP+实体商品"等合作模式。

（2）以"时尚内容+"为纽带，通过社交媒体、内容电商、线下体验等载体，积极推广时尚价值理念和时尚生活方式，促进时尚经济从关注流量的内容营销到关注实际效益的销售转化。

（3）以"时尚数据+"为特色，推动企业、高校、科研院所、消费者等多个主体之间资源信息的共享，发展时尚数据资产评估、登记结算、交易撮合、争议仲裁等市场运营体系。

3.对标全国文化中心和国际交往中心建设要求，强化时尚文化的价值化引领

积极对标全国文化中心和国际交往中心建设要求，通过教育传承和科技赋能，做好中国传统文化符号的时尚化再造，并通过VR植入场景、高清实时直播、社交媒体传播等方式，真正"讲好北京故事，发出中国声音"；切实办好北京国际电影节、北京国际设计周、北京国际音乐节等时尚品牌文化活动，助推国际时尚文化交流。

4.提高时尚产业数字化政策精准扶持力度

统筹各领域财政专项资金，加大对重点企业和重大项目的支持力度；对各类公共服务平台按照项目投资的一定比例予以资金扶持；允许企业在数字化方面的投入

在企业所得税前加计扣除，对数字化项目投资形成的固定资产和无形资产允许按照相关规定一次性计入成本费用税前扣除或者加速折旧摊销；加大对时尚产业高端人才和时尚数字化高精尖人才的引进和金融政策的扶持力度。

5.以产业园区为载体加大时尚产业新基建投入

依托园区发挥新基建的支撑作用，实现产业集中度提升和企业集聚式发展；加强和电信运营商的衔接，将园区列入5G基站或者未来6G基站重点优先建设和运营计划；支持国有骨干企业打造数据中心，构建大数据中心和人工智能应用和云服务；围绕产业高附加值环节建设工业互联网平台，依靠5G技术实现远程的技术部署、工艺改造和产能控制等。

（陈文晖　北京服装学院时尚研究院）

参考文献

［1］杨洁. 人工智能赋能时尚产业业态创新研究［J］. 纺织导报，2021（8）：78-81.

［2］缪顾贤，等. 数字经济驱动下浙江纺织服装时尚产业数字化营销提升路径研究［J］. 纺织导报，2020（11）：86-89.

第八章　生活方式现代化与北京时尚产业发展研究

一、生活方式现代化的内涵与特征

生活方式是指"在不同的社会和时代中生活的人们，在一定的社会条件制约下和在一定的价值观念指导下，所形成的满足自身需要的生活活动形式和行为特征的总和"。在从传统的农业社会向现代工业社会转型的过程中，人们的社会生活方式也在从传统生活方式向现代生活方式转变。在社会的现代化进程中，人们现代化的生活方式也在逐步确立。因此，生活方式的现代化就是指在社会现代化的进程中，随着现代科技、文化、思想的不断进步和发展，个体社会生活、行为方式、消费观念等方面与传统和习惯模式有所区别，逐渐向现代文明和科技发展方向靠近的转变。这是一种多方面的改变，不仅包括生活方式、人际关系和消费模式，还包括价值取向、生活节奏、人际交往等多个层面的改变。它包含以下三个方面的特征。

（一）生活方式需求的多样化与个性化

家庭、健康、事业是人生的三大重心（图8-1）。随着社会的发展，人们越来越注重追求自由选择、多样性、个性化的生活方式，强调自我意识和生涯规划，注重对身心的平衡和健康状态的维护。一是追求舒适、健康、环保的生活方式。现代人越来越注重健康、环保和生活质量，倡导低碳、节能、环保的生活方式，如多步行、骑自行车，少开车等。二是重视自我实现的生活方式。现代人将自我实现看作一种生活方式的追求。通过读书、旅行、学习、艺术创作等活动来提升自己的文化素养和价值观念。三是多元化的消费方式。现代人对消费的要求也越来越多样化，对各种个性化、高品质、有品位的产品和服务越来越感兴趣，如特色美食、追求健康的有机汽车、智能化、个性化的家居产品等。

（二）生活供给的丰富

工业化的进程大大丰富了生活的供给，尤其在物质方面的供给越来越多样和丰富。随着信息技术和机械化水平的不断提高，人们的生活方式也随之发生改变，对

总比例

	第一看重	第二看重	第三看重	
家族	31%	36%	12%	79%
健康	29%	26%	23%	78%
事业	26%	14%	20%	61%
财富	5%	11%	19%	35%
爱情	2%	5%	10%	17%
个人成长	3%	2%	6%	
爱好	1%	3%	7%	
友情	0.5%	2%	4%	

■ 第一看重 ■ 第二看重 ■ 第三看重

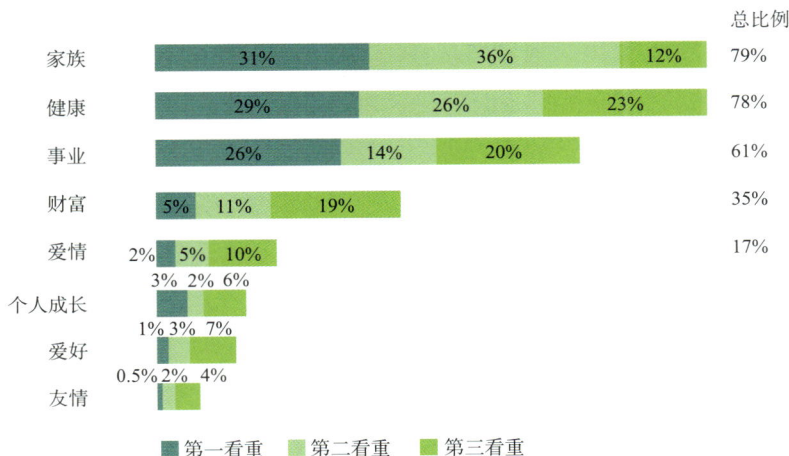

图 8-1　中国消费者生活重心

数据来源：埃森哲：《2022 中国消费者洞察》

于智能化、个性化的产品需求日渐提升。

在技术的支撑下，智能家居的品质与性能大幅提升，智能化的家居产品正成为大众趋势。根据《中国互联网家居家装白皮书2021》中显示，受访者中有41%的人"已购入智能家电或有购入智能家电的意愿"。其中，61%的受访者认为智能家电更健康舒适，60%的受访者表示智能家电更便捷安全[1]（图8-2）。

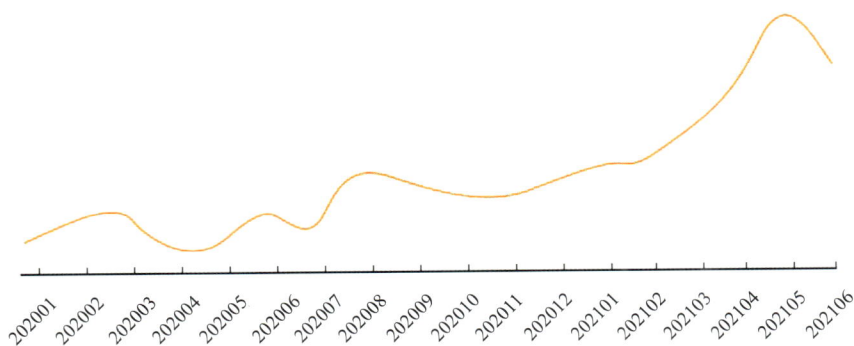

图 8-2　2020 年 1 月—2021 年 6 月抖音智能产品相关视频播放量

数据来源：巨量算数，2020 年 1 月—2021 年 6 月

在注重智能家居产品的实用性、智能性、便捷性、审美性以外，消费者也会追求产品的个性化与品位。人们对智能家居的青睐正改变着多种家庭生活场景（图8-3）。

---

[1] 有家研究所：2022 影响中国人居生活方式趋势报告。

图 8-3　2014—2021 年中国智能家居市场交易规模

数据来源：易观分析，2014—2021 年

　　根据《中国互联网家居家装发展白皮书》，在智能家居选购中，智能指纹／人脸识别门锁、空气净化器／净水器最受欢迎，有16.4%的受访者认为此两类产品是必备的；其次是家庭卫生清洁类产品受到热捧，"全自动扫地机""智控油烟机""智能除臭清洗恒温马桶""智能感应垃圾桶"，分别有14.8%、13.6%、12.1%和6.4%的受访者认为是必备的智能家居产品。此外，还有消费者偏好享受型的智能家居产品，分别有7.6%和4.2%的受访者认为"智能按摩床"和"智能浴缸"很有必要❶（图8-4）。

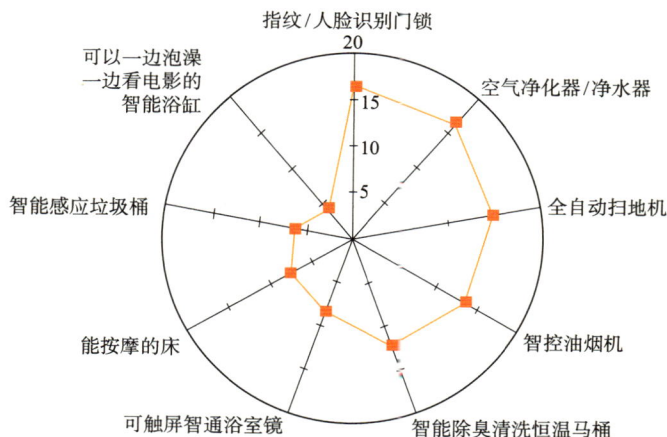

图 8-4　智能家居设备配置需求❷

---

❶ 有家研究所：2022 影响中国人居生活方式趋势报告。
❷ 住小帮．中国互联网家居家装发展白皮书，2021 年 8 月。

在消费者需求的提升下，伴随通信、互联网、智能设备、VR/AR 等新兴技术的应用不断提高，也使生活方式现代化水平得以快速提升，智能手机、电视、计算机、智能化家电等现代化消费产品产量越来越大（图 8-5），越来越频繁地出现在家庭之中，从各方面影响着人们的消费和娱乐方式，以及人们的社交互动和沟通方式等。

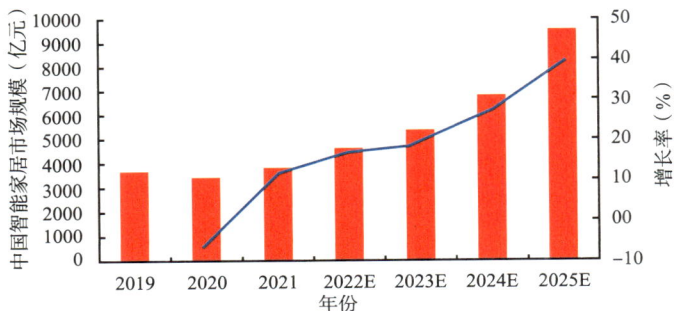

图 8-5　中国智能家居市场规模及增长率

数据来源：艾瑞咨询，《2023 年中国智能家居发展白皮书》

另外，在全民物质生活得到极大满足的同时，人们开始重视精神层面的追求。根据欧美发达国家的经验，当人均 GDP 迈过 1 万美元大关时，经济结构会加速转变，美国、德国、日本及韩国等发达国家在人均 GDP 超过 1 万美元后，GDP 中工业所占比重均呈现下降趋势，而服务业所占比重则显著提升。反映到消费行为上则体现为，物质满足型消费向中高端消费、改善型消费、个性化消费转变。而中国则于2019年人均 GDP 超过一万美元。因此，类比欧美第三消费社会初期，我国个性化精神消费的兴起已具有一定经济基础（图 8-6）。

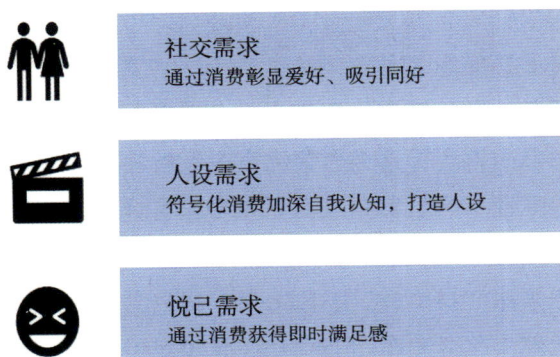

	社交需求 通过消费彰显爱好、吸引同好
	人设需求 符号化消费加深自我认知，打造人设
	悦己需求 通过消费获得即时满足感

图 8-6　精神需求已经成为我国年轻人消费重要驱动力 ❶

---

❶ 开源证券，泡泡玛特对比三丽鸥。

为了满足消费者重视提升自我修养的需求，文化、教育、休闲等产品的供应也日渐多样化。影视文艺作品力作迭出，"考古热""博物馆热""'非遗'热"蔚然成风，文化创意、知识付费、网络直播等新业态新模式蓬勃发展。从图8-7中可以看出，近年来文化及其相关产业增加值不断提高，未来具有巨大的增长潜力与发展空间。

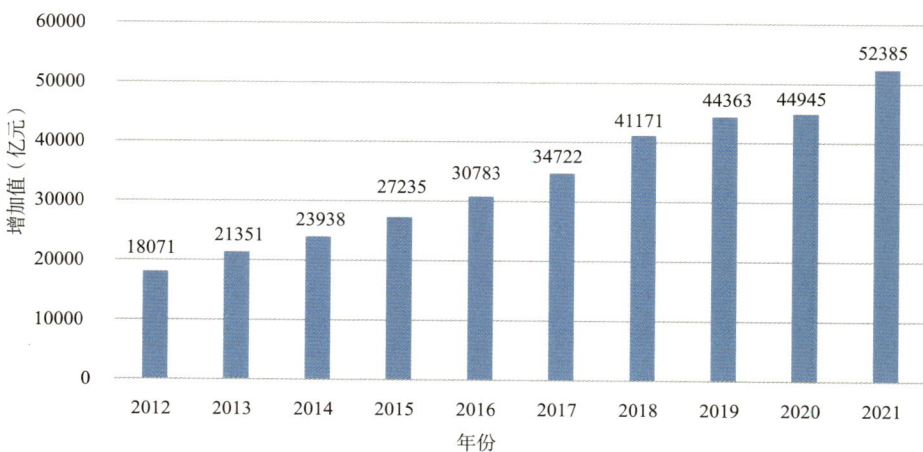

图 8-7　2012—2021年文化及其相关产业增加值

数据来源：国家统计局相关数据

（三）心态和价值观的转变

生活方式现代化也包括心态和价值观的改变，随着文化层面的提升，人们的思想和艺术审美不断更新，具有新颖性、多样性、时代性的审美趋向也随之产生。随着社会的发展，当下中国消费者的审美能力正经历快速的迭代提升，不再是追随国际风尚，效颦欧美潮流，而是基于自身的成长环境、文化积累、生活体验，并融合东方语境与现代审美，形成自己的美学生活理念。因此，从2018开启的"国潮元年"，到"新中式"家居生活的兴起，都是中国消费者的新型美学理念的表现。他们正在空间风格、穿衣风格、生活场景等维度通过增强个性化的美感体验，提升生活幸福感。

普华永道《2021年全球消费者洞察调研》的报告中显示，37%的中国受访者表示，在其他条件相同的情况下，与2020年10月之前相比，他们现在更多或更倾向于购买国产品牌（24%为国外品牌）。同时，"国潮"也推进着中国的品牌塑造、文化输出（图8-8）。中国品牌在国际市场的知名度逐年上升。谷歌《中国全球化品牌》数据显示，2021年中国全球50强品牌在发达国家市场的知名度已升至19.8%。

我倾向于购买外国品牌	11%
我更倾向于购买外国品牌	13%
我对品牌是国产还是国外的无动于衷	40%
我倾向于购买国产品牌	28%
我更倾向于购买国产品牌	9%

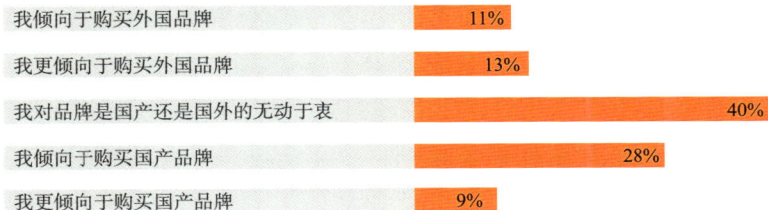

图 8-8　消费者购买产品品牌需求

数据来源：普华永道，《2021 年全球消费者洞察调研》

由百度和人民网研究院联合发布的《百度 2021 国潮骄傲搜索大数据》显示"国潮"在过去十年中关注度上涨 528%。根据阿里巴巴线上零售平台国潮品牌搜索量情况，1200 多家中华老字号品牌，如回力、同仁堂等搜索量增长 23.8%，累计 126 亿人次搜索中国元素关键字，如茶、汉服、古风等。相关中国企业也顺应国潮，努力升级产品的品质、性能和价值，加速焕新升级现有品牌，进行老字号守正创新改革，打造国风品牌系列的产品与服务，建立与新兴消费群体的联系。国产品牌的进一步兴起也引导着消费者进入了"国潮"新时代。

二、北京时尚生活方式的变迁

改革开放以来，随着市场经济的快速发展，北京的社会生活发生了巨大的变化。随着物质生活的丰富，人们开始有了更多的时间和经济基础去追求和享受时尚。过去简单朴素的服饰以及传统的文化休闲，开始被个性和多元的时尚生活所取代，时尚和娱乐成为人们日常生活的重要组成部分。总体来看，随着历史的演变和社会的变迁，北京的时尚生活也逐步发生了深刻的变化，展现出不同的时代风貌和文化内涵。

（一）穿衣用布

穿衣用布是人类生活的根本内容，随着社会的发展变迁，发生着翻天覆地的变化。改革开放以来，随着社会经济的巨大发展、人们思想观念的多元变化，人们的穿衣用布发生着日新月异的变化，风格由单一趋向多元，色彩由单调渐趋斑斓。

20 世纪 80 年代，当时以计划经济为主，人们的物资供应比较单一，北京市民的穿衣风格以简单、朴素为主。服装面料以棉麻、毛线和呢子等相对实惠的材料为主流。衣服的剪裁和缝制普遍比较简单，基本以实用为主。但服装的样式开始增加，从单纯的衬衫、单衣、棉服和学生装、军便服、中山装扩大到西装、夹克衫、风雨衣等，消费者开始考虑造型、款式、花色以及穿着的时间、地点、场合等问题。20

世纪80年代中后期，更是出现了色彩艳丽、款式新颖的羊毛衫、宽松式的裙装等。服装开始逐步进入跟从国际流行的时代。

20世纪90年代，随着中国经济的快速发展以及市场经济体制的建立，北京市民开始逐渐改变穿着风格，其中，女装发展尤其迅速，休闲、运动和青春的时装样式大量涌现，男西装外形追随国际潮流，由宽松过渡到合体，讲究轻、薄、挺。随着生活水平的提高，双休日制度的实行，人们越加接受休闲生活方式，更视休闲类服饰为身份地位的物化象征，代表新生活品质的最新的休闲类服饰、天然纤维服装开始受到人们的青睐。

进入21世纪，国内消费者受品牌和流行影响的趋势进一步增强，穿着趋向时尚化、个性化、休闲化和品牌化，部分消费者的需求档次明显提高。新型织物材料、各种面料的混搭、各种线腕、饰物的出现都在提升服装品质，从而满足了市民对"时尚"的不断追求。同时，北京市场也加快了发展，各类品牌的服装相继进驻，如ZARA等快时尚品牌，款式上有各类拉链衫、卫衣、风衣、衬衫等。

（二）休闲娱乐

休闲是一种现代生活理念和生活方式，可以给人带来有价值的身心体验和价值反馈。随着经济社会的发展，休闲消费已经成为我国消费的重要组成部分，具体是指人们在休闲时间进行休闲产品和服务的消费活动。休闲水平是与国民收入水平密切相关的。

改革开放初期，社会经济整体水平偏低，居民收入水平有限，因此，在20世纪80年代，北京市民的娱乐活动主要是看电影、逛公园、参观博物馆等传统休闲方式。在这个时期，娱乐项目比较单一，娱乐场所也比较有限。体育休闲方面，以传统的球类休闲项目为主，飞碟、台球等项目开始兴起；娱乐休闲方面，如跳舞、看电视、听音乐等娱乐形式开始流行，养花种草、钓鱼和读书等，也成为人们在闲暇时间的主要休闲活动；文化休闲方面，由于长期的人情缺失，情感回归成为文化休闲的主题，影视方面，从1978年的《望乡》到之后的《追捕》《血疑》《大西洋底来的人》《渴望》等；出版物方面，琼瑶言情小说、金庸武侠作品、汪国真诗集等大行其道，带动了文化休闲消费在改革开放以后的第一次浪潮。

在20世纪90年代，经济社会持续快速增长，恩格尔系数从1993年的47.8%快速下降至2001年的36.2%，文化娱乐人均年消费支出从1993年的101.4元，到2001年的316.7元。人民生活水平的提升，休闲娱乐需求爆发式增长。体育休闲方面，在北京市政府"全民健身运动"倡导下，北京市民健身活动开展得如火如荼，人民群众的健身意识大大增强，强身健体逐渐成为人们的自觉行动。人们愿意"花钱买健康""把健身开支列入家庭计划"的人也渐渐多起来了。健身器材逐渐进入家庭，到2001年底，健身器材的家庭拥有量为1.05%。同时健身器械市场也已形成规模；文化休闲方面，国外作品的引进和国内先锋作品的群集成为文化休闲热点。影视方面，有1993年的《北京人在纽约》，以及之后的《过把瘾》《阳光灿烂的日子》《大话西游》《宰相刘罗锅》《爱情麻辣烫》《将爱情进行到底》《超级模仿秀》等；书刊出版物方面，1993年《时尚》创刊。这一时期的作品更注重挖掘媒体的娱乐性和商业性，在轻松娱乐的气氛中，为人们带来一道道休闲的盛宴；从休闲消费活动内容来看，人们已经具有较强的休闲意识，休闲消费随着制度的变迁，形成了以"黄金周"旅游为特征的休闲浪潮。休闲方式渐渐出现多样化、休闲消费结构逐步升级。

进入21世纪，随着《带薪年休假条例》等政策的颁布，在居民可支配收入持续增长的带动下，休闲已经成为居民的一种生活方式。旅游休闲方面，居民的旅游热情持续高涨，北京市居民有过市内游览或旅游活动经历的比重快速上升，国外旅游开始兴起，旅游过程中的食宿等品质要求进一步提升；体育休闲方面，休闲体育和娱乐体育成为群众体育的主流，并显示出强劲的发展势头。这一时期，在健身运动的热潮中出现健身运动的娱乐化趋向，以及休闲娱乐的康体化趋向；娱乐休闲方面，随着个人意识的日益增强，满足人们个性需求的娱乐项目得到普遍流行。插花、陶艺、刺绣、茶艺、收藏等丰富多彩的休闲活动也在寻常百姓家盛行；学习活动是一个越来越普及的休闲方式，越来越多的人利用假日读书充电。国家图书馆每逢节假日都坐满了阅读者，同时，引发教育市场升温，人们舍得花钱和时间学习各种技能、考证书；文化休闲方面，从2002年的《大腕》，到《无间道》《中国式离婚》《可可西里》《大长今》《神话》，再到《超级女生》《疯狂的石头》和《武林外传》；书刊出版物方面，《谁动了我的奶酪》和"《百家讲坛》系列丛书"成为重要代表。这一时期的作品更强调知识性和文化性。

在此阶段，休闲已经成为人们不可或缺的生活方式，并渗透到生活的各个方面。在休闲中注重个性和享受体验已经成为一切休闲活动的目的。在旅游方面，由传统的观光旅游向休闲旅游转变；在体育领域，由过去的竞技体育向休闲体育和全民健身转变；教育领域出现由传统的精英教育转向休闲教育和教育的休闲化等趋势。人们在休闲消费中变得越来越个性化，越来越成熟。

综上所述，北京市民休闲娱乐的消费趋势正在逐渐向新兴娱乐方式和多元化文化娱乐方式转移和发展，市民对文化、艺术和体验等领域的关注和投入也越发渗透化。

（三）家用电器

20世纪80年代初，北京市家用电器消费刚刚开始起步，家用电器的普及贯穿了整个80年代。1978年，每百户居民家庭拥有洗衣机数几乎为0台，到1992年发展为96.1台；每百户居民拥有彩色电视机数也从1978年0台发展到1992年的101.4台；每百户居民家庭拥有电冰箱数从1978年0台发展到1992年的101.3台，其他家庭耐用消费品也实现了普及。这些产品都比较简单，普通家庭可以承受。

到了20世纪90年代，中国家电市场开始迈入快速发展期。消费者对家电的品质和功能要求也越来越高。市场上涌现出一批小型家电企业如海尔和格力等，以及松下、索尼和三星等国际巨头企业，它们的产品不仅品质更好，而且功能更加多样化，如家庭影院、智能电视、空气净化器等。此外，消费者的消费观念也逐渐转向品牌和时尚领域，开始越发重视家电产品的外观和设计风格。

进入21世纪，北京家用电器市场继续迎来了实质性发展。随着科技的进步和产业链的完善，各种数码家电开始进入普通家庭，如数码相机、数码音箱、打印机和网络设备等。与此同时，人们对家居环境的要求也越来越高，市场上出现了新型的家电，如智能门锁、家庭氧吧、智能路由器、智能家居控制设备等。这些智能家电产品提供了更为智能、人性化的家居环境，得到了人们的青睐。

总之，北京市家用电器消费在过去几十年里得到了飞速的发展，从最初的简单家电到现在的更为智能、多功能、高品质和多样化的家电产品。未来，家电市场还将继续发展，为人们的生活和娱乐带来更多的便捷与乐趣。

（四）高档消费品

随着经济的快速发展和人们收入的提高，北京的高档消费品行业也在不断地发展和变化。

从20世纪90年代开始，北京的高档消费品市场逐渐兴起。这一时期，人们对奢侈品的追求还没有达到高峰，市场上的高端品牌主要有欧美和日韩品牌，如LV、GUCCI、PRADA、CHANEL、DIOR、CARTIER等。这些品牌开始在北京的一些高端商场落户，并迅速吸引了北京的高端消费者。此外，这一时期的高档消费品还包括高端餐厅、高档酒店、私人会所等。

到了21世纪初，北京的高档消费品市场得到了进一步发展。在这一时期，由于经济快速发展、国际文化交流以及消费升级等多种因素的影响，人们对奢侈品的需求开始迅速增长。同时，随着中国经济的崛起和国际品牌的主动拓展，北京的高档消费品市场开始涌现出更多欧美、日本、韩国等品牌，如Hermès、Burberry、Chloé、MiuMiu、Céline、Tiffany、Rolex等。

到了近年，北京的高档消费品市场进入一个更加多元化和深入的发展阶段。全球多个高端品牌在北京开设了旗舰店，满足了越来越丰富和多样的消费需求。在这个时期，消费者对消费品的要求已经从单纯的豪华和品牌转向了更加注重品质、体验和个性化。此外，一些本土高端品牌也开始逐渐崛起，充分体现出北京高档消费品市场的深度和多样化。

三、北京时尚产业与现代生活方式融合发展面临的问题与挑战

北京的时尚产业与现代生活方式的融合发展面临的问题，涉及文化深度与创新能力等多方面。

（一）时尚产业跨界领域有待进一步拓展

面对时尚产品同质化现象日益严重，单一时尚品牌已经不能满足多元化的消费需求。跨界由此成为一种时尚和风潮，白酒与服装，箱包与汽车，看似不相关的东西融合在了一起，多种类的艺术和产品的相互影响和渗透，艺术灵感与商业策略深度融合，激发出了更新、更有挑战性的创意和更高境界的设计水平，以更好地满足消费者的需求。作为中国的时尚之都，尽管越来越多的各类品牌和从业者进入北京市场，但是，北京时尚产业的跨界仍有待进一步拓展和提升。

首先，当前北京的时尚产业仍然存在着本土化程度较低的问题，许多跨界企业在市场进入时未能充分考虑到中国文化、消费习惯和思维方式的特点。因此，北京的时尚产业需要加强本地化战略和推动本地品牌的发展，同时还需要寻找和培养更多具有当地特色的设计师和创新人才。

其次，北京的时尚产业跨界问题在消费者方面也存在一些挑战。许多消费者由于时间和金钱的限制，很难将他们的消费行为从单一的购买转换到跨界消费。因此，北京的时尚产业需要更多地引导消费者通过各种方式来体验跨界产品，如品牌推广、网络营销等。

最后，北京的时尚产业需要加强与其他产业的跨界合作，例如，科技、文化和艺术等，以创造独特的消费体验和增加产品的附加价值。此外，跨界合作也可以促进新型技术和新的商业模式在时尚产业中的应用，这有助于推动时尚产业的数字化和智能化进程。

（二）城市生活空间与时尚元素融合不够紧密

自古以来，人们一直追求着美好、赏心悦目的生活空间。但是随着城市化进程的加快，在工业文明的影响下，人们渐渐只能蜗居在钢筋和水泥浇筑的狭小空间里。空气污染、噪声污染、交通堵塞、绿色稀少等问题存在于很多城市。构建良好的生态环境，建立独特的时尚地标，已经成为很多城市建设宜居生活环境、打造独特城市名片的方式之一。但随着北京城市化进程的加速，城市生活空间与时尚元素

融合仍然不够紧密。

首先，模式化的建设限制了生活空间的时尚元素，在北京快速发展的过程中，为了追求经济效益和城市规模，模式化的、标准化的设计理念，导致部分区域的时尚元素和城市生活空间并没有找到平衡点。城市规划和设计忽视了居民的需求和习惯，缺乏人性化考虑，导致城市建设过程中出现了许多单调、重复、缺乏特色的建筑和城市空间，忽视了文化和传承，影响了北京的文化内涵。

其次，北京市布局和空间结构不够灵活，限制了城市生活空间和时尚元素的融合能力。北京的大量传统街区、城市形态、道路空间等都不符合时尚产业发展的要求，这些限制了城市生活空间和时尚元素的融合。在时尚产业和城市空间结构相差悬殊的情况下，各自开展以互相影响为目标的工作难度也越来越大。

最后，北京市在时尚产业与城市生活空间融合方面缺乏系统规划。北京的城市空间规划对于时尚创意的考虑不足，缺少具有北京和国际特色的城市时尚创意空间，没有让时尚创意空间的功能真正嵌入到城市的更新之中，导致北京的时尚创意创业无法发挥其文化教育引领、时尚艺术熏陶、促进消费升级、体验品质生活等功能，时尚元素在城市空间中缺乏个性，时尚产业失去了它原本的魅力。

（三）对传统北京元素的现代时尚提炼度不足

北京是一座有着三千多年历史，八百多年建都史的古都。元代诗人宋褧笔下的诗句"万户千门气郁葱，汉家城阙画图中"，描写的就是古代北京城恢宏的气势和繁荣的景象。悠久的历史孕育着丰富的文化，丰富的文物古迹，精美的城市建筑，品类繁多的传统小吃，为时尚产业的发展提供了丰富的元素。从全球的趋势来看，本地化是全球品牌的一大主题，消费者越来越多地购买充满当地文化和传统的本地品牌。但与之相比，北京时尚产业对于传统元素的提炼仍然存在不足之处。

1.开发利用不足

时尚产业创新需要对传统文化的深入了解，也需要其历史沿革深入挖掘。然而，由于对传统元素及文化的把握和认知不够全面，部分北京时尚企业对于承载传统文化的元素理解度、融合能力和创新度存在局限性。在北京时尚产业发展的过程中，北京深厚的文化资源开发利用不足，即使是已经运用到设计中的文化资源，也存在开发程度不够深入的问题，同一文化资源被反复开发导致产品类型雷同现象严重，时尚产品普遍存在设计感和原创性缺乏的缺陷，从时尚产品身上难以体现出具有北京特色的地域文化。以北京著名景点的纪念品为例，纪念品种类单一且价格昂贵，纪念品的创意设计上丝毫没有体现出不同文化景点的差异性和独特性，甚至可以看到很多在全国其他景点都能买到的纪念品，缺少独特的纪念价值。

2.消费市场需求不够强烈

当前，大多数北京时尚消费者更注重国际品牌或者国际主流时尚元素，而对于传统北京时尚元素的接受度和认可度相对较低和有限，甚至可能出现"穿古代唐裙上街"的尴尬局面。

3.人才匮乏

时尚行业虽然是一门创意性相当强的产业，但需要非常具备开拓者、洞悉市场的商业文化人才。受限于才艺技能与运用到传统北京元素上的市场和行业策略体系不够完整，北京时尚行业的这点需求也表现出一定稀缺性，例如，知名设计师和相关创意人才，严重影响了对于北京传统文化元素的理解和提炼，以及在时尚产品中的创新设计和呈现。

四、北京时尚产业与现代生活方式融合发展的对策建议

随着用户需求的不断增加，与现代生活方式的融合发展已经成为时尚产业发展的重要趋势。然而，时尚产业与现代生活方式的融合不是一件易事，可采取以下方式推进。

（一）积极推进时尚产业跨界的领域

在全球化的背景下，跨界合作成为时尚产业的新模式。许多时尚品牌与其他领域的品牌、艺术家、设计师等进行合作，推出了许多具有创新性和独特性的产品和活动。跨界合作不仅可以拓展品牌的影响力和市场，同时也可以为消费者提供更加丰富多样的选择。为了促进北京时尚产业与现代生活方式的融合，需要积极推进时尚产业跨界的领域，表现如下。

1.拓展行业结合的范围

促进传统行业品牌与时尚行业的结合。以传统车企与时尚产业的结合为例，法拉利、奥迪、奔驰等传统车企依托自身强大的品牌影响力，根据自身品牌定位，推出了眼花缭乱的周边商品，五花八门的爆款商品不断涌现，例如，特斯拉推出的皮带、奥迪推出的将quattro四驱技术与潮鞋文化相融合的新款跑鞋、奔驰推出的"Originals"主题的2021秋冬时尚系列单品跨界潮牌服饰等。

2.加强与新技术的结合

时尚产业需要持续更新技术，因此，要加强与大数据、人工智能等数字技术的结合和创新，创造全新的市场。例如，运用3D技术实现高速高精度数字模特、数字产品和数字场景，运用XR头显与算法的进步带来虚拟试穿、虚拟看秀、虚拟店铺，运用元宇宙技术将虚拟世界与现实生活深度融合，由此改变时尚经济的组织形

式，重新整合时尚要素，形成全新的时尚产业链条。

3.实现与知名设计师或IP的跨界合作

当商业品牌与知名设计师将不同的背景与理念糅合，永远能碰撞出令人意想不到的火花。借助北京众多的知名设计师，众多时尚品牌和产品可以将设计师的奇思妙想融入产品的创意之中，带给消费者耳目一新的感觉。同时，推进时尚品牌与IP携手，依托消费者对于IP的热度，这种"打破次元壁""梦幻联动"的惊喜，可以极大地激发消费者所在兴趣圈层的情感价值共鸣，进一步提升相关时尚品牌的文化内涵。

（二）推进城市生活空间与时尚元素的融合

城市是社会发展的枢纽，城市生活空间在一定程度上可以看作是家的延伸。根据城市特定区域历史、文化、人文等特点，构建出来的独特的生活空间，既能满足人们的日常生活需求，又能体现城市的特色和魅力，让居民在不同的空间中感受到不同的生活氛围。城市特色生活空间的建设，可以促进城市旅游业的发展，同时也能够提升城市的品位和形象。因此，为了推进时尚产业的发展，在城市规划和建设过程中，应注重挖掘城市特色，打造出独具特色的时尚生活空间。

1.促进区域发展的文化融合，构建城市更新的集体记忆

未来，应促进北京城市不同区域的文化融合，依托新的产业，激活、唤醒、赋能旧的历史建筑，在延续城市文脉的基础之上，通过规划建设老字号博物院、"非遗"展示中心、当代艺术博物馆、时尚大剧院、商业综合体、购物中心等多种业态，融聚时尚消费，提高审美意趣，构建城市集体记忆，深化与再造具有空间尺度和时间温度的城市场所精神。

2.挖掘城市的文化底蕴

纵观全球，从纽约曼哈顿至伦敦泰晤士河岸，从巴黎塞纳河畔到上海外滩，身处这些都会城市的人们，将城市的个性融进工作和生活，形成了独具特色的都会风潮。深厚的城市人文底蕴与时尚动感交织出与众不同的魅力，让百年建筑和传统街道持续焕发生机，同时也衍生出令人向往的、属于这个城市独有的生活方式。我们应深入挖掘北京市的手工艺品、戏和美食等丰富多彩的非物质文化遗产，注重文卫方面的创新和突破，以有效的创新应用为基础，将其与北京的街道、建筑等形成良好的互动，完善推荐、宣传、销售体系，使其获得认知，丰富城市生活空间的时尚元素，并实现良好的融合。

3.提升市民的审美创意水平和享受艺术创意的意识

可以借鉴英国的经验，从教育培训、扶持个人创意、提倡创意生活三个方面，研究如何帮助公民发展及享受创意，并采取一系列的措施，其中包括开放更多的博

物馆及将所有数据档案数字化等，为人们提供更多时尚创意接触的机会，使他们可以发展创意、享受时尚创意的生活，并为产业的发展提供基础。

4. 重点培育创意阶层，发挥艺术家和知识分子的引领作用

未来学家纳斯比特在《中国大趋势》中写道："没有艺术家与知识分子的引领，任何社会都是不会进步的。"说到文艺复兴，人们自然就会想起米开朗基罗、达·芬奇、莎士比亚这些艺术家和知识分子的名字，正是他们引领了当时科学、社会和政治领域思想的变革。艺术和时尚既可以反映社会、彰显城市个性，又可以唤醒人们，激发新思维，赋予人们信心，带给人们一种动力。北京要想提升创新力，就必须开发出富有自己特色的产品与设计，就必须依靠不安于现状、有才能和创造精神的艺术家和知识分子。要注重加强本地工作室和设计机构的发展，培养更多具有本土特色的时尚创意人才。

（三）从北京的传统文化中提炼时尚元素

文化共鸣是时尚产品的商业命脉。在时尚产品的发展过程中，我们渐渐发现缺乏文化共鸣支撑、看似迎合年轻消费群体的服饰起初虽然能够吸引消费者的注意力，但是空洞的品牌故事越来越无法打动日渐挑剔的消费者，更无法赢得其拥护。带有深刻传统文化烙印、具有丰富文化内涵的国潮产品成为时尚产品的热点。因此，北京的时尚产业只有重视传统文化的挖掘、吸收和融入，才能更好地与现代市民生活相融合，从而获得更快的发展。

1. 创新挖掘中国传统文化

需要重视建构新时代首都时尚文化理念，充分挖掘中国传统文化元素与吸纳时代精神，加快融入符合新潮流的时尚产品之中，打造满足首都百姓文化与生活方式的时尚品牌。

2. 打造时尚产品创新形式

具有传统元素时尚产品应当在用户感受和体验方面进行创新，利用人工智能、3D等技术，将时尚体验融入用户的生活方式，提高品牌知名度和用户忠诚度，例如，打造4D影像产品，将时尚产品更为直观地展现在客户面前；依靠首都独特的历史传统文化和现代时尚文化元素，加强商业、文化、旅游、健康等消费跨界融合，积极探索、拓展沉浸式、体验式、互动式消费新场景

3. 开展创意文化传播

传统文化的创意时尚产品，需要时尚产业更加积极地创新推广传播，推动时尚产业和现代生活方式的融合发展。例如，通过举办时装秀、艺术展览、演唱会等活动，增强传统文化产品的品牌价值和社会影响力；通过元宇宙VR设备，沉浸式视听和交互；通过丰富多彩的文化推广活动，加强传统品牌推广，吸引更多人关注、

接受北京的带有北京传统文化的时尚产品，更好地实现时尚产业与城市生活的密切融合。

（刘颂　中咨顾问管理有限公司

王婧倩　北京服装学院人事处）

参考文献

［1］王雅琳. 人类生活方式的前景［M］. 北京：中国社会科学出版社，1997：5.

［2］王琪延，曹倩.“双循环”经济背景下北京居民休闲消费问题研究［J］. 扬州大学学报，2020（11）：32-40.

第三篇

案例研究报告

第九章 朝阳区时尚消费转型升级研究

一、时尚消费的概念与特征

党的十九大报告指出："中国特色社会主义进入新时代，我国社会主要矛盾已经转化为人民日益增长的美好生活需要和不平衡不充分的发展之间的矛盾。"改革开放40年来，我国居民消费水平已经有了很大程度的提升。据相关数据统计，2022年全国居民恩格尔系数为30.5%，接近联合国划分贫困和富裕参考标准中的"富足"水平，而且时尚消费在中国消费市场中的份额正不断提升。

（一）时尚消费的概念

时尚消费既是一种消费行为，也是一种流行的生活方式。时尚消费的对象是多种产品与服务领域的集合，是时尚产业链的高价值环节。时尚消费不仅局限于纺织服装、服饰箱包、首饰珠宝等传统时尚产品的购买，也覆盖了时尚餐饮、时尚电子、时尚体育等休闲娱乐消费，更囊括了对时尚设计、时尚传播、时尚营销等服务的采购，在创造品牌商业价值、促进地方经济发展、提升城市品质等方面发挥着重要作用。

（二）时尚消费的特征

1.持续增长性

随着新兴数字化技术不断涌现，时尚品牌与消费者的关系变得更加直接和紧密。"Z世代"消费者的崛起促使时尚消费领域变得更加细分多元。总体上判断，时尚消费的总量短期内不会显著增加，但会随着消费者收入的提升稳步上涨。

2.体验式社交属性

从心理学角度看，时尚消费的驱动力之一是消费者对时尚产品和服务的感性体验需求。时尚消费的高阶表现是体验式消费，这与人们对个性化、品质化追求提升有关，因此，时尚企业开始探索"体验升级'，通过营造具有参与性、趣味性、体验性的"社交＋"场景，增加时尚品牌黏性，提升消费频次。

3.文化价值传递性

时尚品牌与消费者价值观相连的重要桥梁是文化价值。时尚消费这一可持续行为的发展基础是品牌的价值属性，文化价值通过时尚消费得以传递，从而得到消费者社交圈层的认可，时尚消费才能够源源不断地产生。因此，时尚消费是品牌文化价值观的圈层拓展，通过与消费者的沟通培养其品牌忠诚度。

4.产品边界模糊性

当前，时尚消费品不仅指服装服饰、珠宝首饰、鞋履箱包等，还包括运动、户外、家居生活、3C电子、汽车、手表、食品饮料等行业产品。这些产品打破了市场层面对于时尚单品固有的认知，在产品概念、价值创造、营销推广方面，均展现出时尚潮流与特色。

5.情感属性

当前，消费者对时尚产品的购买欲望已悄然发生变化，不再热衷于对数量的"囤货"，开始转向追求个性化、品质化、潮流化。时尚消费是其情感表达付诸实践的过程，尤其是品牌价值观、购物体验、服务质量都是影响消费行为的重要因素。

二、朝阳区时尚消费转型升级的基础条件

《中共中央关于制定国民经济和社会发展第十四个五年规划和二〇三五年远景目标的建议》提出，全面促进消费升级，培育国际消费中心城市。目前，北京、上海、广州、深圳等城市已将"建设国际消费中心城市"列入"十四五"规划重点任务，我国国际消费中心城市建设进入快车道。在"双循环"新发展格局背景下，消费已经成为经济增长的核心驱动力。作为北京时尚消费最活跃的区域，朝阳区于2021年提出全力打造国际消费中心城市主承载区的发展目标，良好的内外部发展环境为促进时尚消费转型升级打下了坚定基础。

（一）外部发展环境持续向好

1.时尚消费需求高涨

2023年，朝阳区人均可支配收入为86981元，高于北京市平均水平（77415元），且呈连年上涨态势。随着收入水平的不断提高，居民的消费结构逐步升级，消费者的需求越发倾向于品质化、个性化和差异化，中高端消费成为消费升级新方向。此外，消费升级是朝阳区落实"两区"建设决策部署的重点环节，"两区"建设要求通过新业态新模式引领消费升级，时尚消费作为消费升级的重要模式，已经迎来黄金发展机遇期。2023年上半年，朝阳区社会消费品零售额实现1648.9亿元，同比增长5.3%，占全市23.5%，对全市的增量贡献率达27.7%，引进各类首店232家，占全市42.3%。

2.政策利好频出

近年来，国家、北京市和朝阳区相继出台了一系列促进居民消费的政策，比如《关于以新业态新模式引领新型消费加快发展的意见》和《北京市促进新消费引领品质新生活行动方案》均提出进一步激活新消费需求，《朝阳区促进新消费引领品质新生活三年行动计划》特别提出加快首店时尚消费，建设"10+"展现时尚消费魅力和新消费特色的示范性商业街。各项政策均为朝阳区发展时尚消费释放了利好信号。

3.数字时尚消费成效初显

近年来，朝阳区时尚类企业积极推进数字化转型，在产品研发、创意设计、供应链管理、营销与传播等关键环节大力推广应用数字技术。例如，北京时尚控股旗下企业铜牛集团组建了3D数字工作室，通过3D数字技术和研发设计，将制衣周期由77天缩短到33天左右。该企业还通过国内领先的人体三维数字化测量系统，精准获取人体三维数据，实现了快速量体裁衣，为互联网定制服务提供技术支撑。同时，朝阳区以三里屯、蓝色港湾、国贸、望京等商圈为试点，搭建"云逛街"平台，率先打造一批数字潮流街区。

（二）内生发展动力不断增强

1.产业要素健全

朝阳区拥有中央美术学院、北京服装学院、中国纺织科学研究院等艺术类高等学府、纺织行业综合性科研院所；常年承办中国国际服装服饰博览会、中国国际时装周等时尚类展会活动，时尚传媒集团、爱慕、东尚、雷蒙、SKP等知名时尚类企业以及国贸、三里屯、蓝色港湾等知名商圈在区内集聚。根据北京市商务局发布的《北京市商圈活力研究报告》，排名前十的商圈中，朝阳区独占6家，其中，CBD商圈位居榜首，三里屯商圈位居第三。近年来，朝阳区成功培育了中骏世界城、好运街、合生汇等深夜食堂街区，打造了751全时文化消费园区、国贸、郎园等深夜文化集市，"夜间经济"正在点燃朝阳区时尚消费新活力。

2.时尚"商品+服务"大消费体系初步形成

朝阳区围绕时尚消费领域，在首店经济、老字号品牌等重点领域靶向施策，通过举办专场招商推介会，围绕高端商务、时尚消费开展招商引资，吸引国际知名企业落地朝阳，与传统商圈联合举办时尚商业联动活动，初步形成了"商品+服务"的时尚服务消费体系。

（三）面临的挑战

1.时尚消费的国内外竞争加剧

从国际来看，纽约、巴黎、东京等国际性大都市一直是全球时尚潮流的风向标，引领全球时尚消费趋势；从国内来看，上海、广州、深圳同样作为一线城市，在发展时尚消费方面各有建树，例如，上海已将化妆品等时尚消费品产业作为着力发展的6个重点产业之一；广州的定位为大湾区国际时尚产业集聚区，提出打造时尚企业总部基地、国际潮流发布中心、亚洲消费体验中心的战略定位；深圳在全国率先将"时尚"与"金融""科创"并列为"三大产业"，全力打造国际文化创意设计中心、国际时尚中心。此外，在最新发布的《新时尚之都指数报告》排名中，成都位列榜首，并在"时尚消费实力""时尚商业潜力""时尚文化魅力"三个维度上排名第一。来自国内外激烈的竞争势必会给朝阳区时尚消费的转型升级带来一定挑战。

2.时尚消费变化趋势难以把握

时尚潮流是变幻莫测的，而时尚消费是一种"锦上添花"的非必需消费行为，其驱动力来自消费者的精神文化需求和对美的追求，因此供给端对市场的反馈常常滞后于消费端的变化，从而产生了不确定性。新兴时尚品牌和进驻的首店对于把握消费者需求和偏好需要长时间的市场检验和实践。

3.时尚消费升级对于先进数字技术的落地转化和推广应用需求较大

朝阳区亟需在资源要素保障、多元场景利用及基础设施支撑方面狠下功夫，强化数字理念引领和数字化技术应用，打造全新数字时尚消费版图，让消费者畅享便捷服务。

三、朝阳区时尚消费转型升级的具体举措

作为北京市的文化大区和消费大区，朝阳区在促使时尚消费转型升级方面采取了多项措施不断挖掘潜力，持续增加消费新供给，培育时尚消费新动能。

（一）持续优化顶层设计，全力打造时尚消费高地

1.出台专项行动计划，统筹设立扶持资金

作为北京国际消费中心城市主承载区，朝阳区于2021年制定了《朝阳区打造国际消费中心城市主承载区行动计划（2021—2025年）》，按照"咖啡之城、美食之城、时尚之城"的消费定位，努力打造北京的消费引擎、消费高地；2023年5月朝阳区发布《朝阳区推进时尚之城建设三年行动计划》，陆续启动建设分布东、西、北部的近百万平方米的10大商业综合体。同时，为激发时尚消费活力，朝阳区先后出台了《朝阳区促进文化产业高质量发展"政策30条"》《关于促进朝阳区文化和旅游消费的实施意见》等文件，每年安排1.5亿元专项引导资金，统筹设立4亿余元专项扶持资金，打造一站式、集成式、数字化的"朝阳文旅云"公共文旅服务

平台，将"时尚发源地""文艺聚集区""潮玩新顶流""餐饮新格调"等汇聚云端，为消费者提供感受云直播、云演出、云展览的潮玩新体验。

2. 以文旅融合体系建设为重点，不断强化部门协同

朝阳区文旅局以完善顶层设计为核心，在全市率先研究出台《关于推进朝阳区文化和旅游融合发展的实施办法》，推进"园区品质提升行动"，实施特色文旅消费街区评审认定，推动时尚消费与文化旅游深度融合。为吸引首店落地，朝阳区商务局陆续出台了系列措施，支持力度不断升级，从孵化品牌、资金支持、拓宽品牌等多方面打出"组合拳"，取得了显著成效。2023年1至5月，朝阳区共引进首店174家，居各区之首。

（二）依托餐饮业态布局，激发区域时尚消费活力

朝阳区在推进国际消费中心城市主承载区建设过程中，依托区域国际化、高品质的特色优势，优化餐饮业态布局，激发区域餐饮消费活力，进一步增强餐饮对时尚消费升级的带动作用。

1. 不断丰富餐饮业态及品牌

位于朝阳区的国贸CBD拥有全市40%以上的咖啡厅，60%以上的黑珍珠餐厅，是国际化要素最为集中的商圈（图9-1）。在此基础上，朝阳区依托餐饮孵化加速器

图 9-1　朝阳区黑珍珠餐厅分布地图

图片来源：公众号北青社区报朝阳版，2023-02-13

以及北京CBD餐饮联盟，通过科技赋能餐饮业数字化转型升级，积极引入丰富业态，探索"餐饮+互联网"营销新模式，吸引更多国内外知名餐饮品牌在国贸CBD商圈落户。此外，三里屯、首创·郎园Station、丽都商圈等项目也吸引了众多文化餐饮跨界合作品牌，成为网红打卡地。2022年，北京共有812家品牌首店落地，其中朝阳区为433家。从业态来看，餐饮以242家的数量稳居首位，成为首店经济中的第一大业态。2022年朝阳区在美团平台上有交易的国际美食餐馆的数量为3664家，占总餐饮（中餐+国际美食）商户的比重为13.6%。

2.打造多元化时尚餐饮消费场景

依托"一纵一横一核"朝阳消费版图和各大重点商圈，朝阳区不断更新餐厅消费场景，为消费者提供多样化选择。例如，三里屯以时尚娱乐、潮玩社交为主题，吸引了一大批潮流网红餐厅、国际知名餐饮首店、精品餐饮旗舰店等落户；位于酒仙桥地区丽都商圈的颐堤港通过业态调整，持续引入兼具品质感、设计感及独特性的品牌，不断焕新时尚创意餐饮、咖啡、酒吧等消费新场景，满足多元化需求；位于亮马河国际风情水岸边的蓝色港湾主要依托亮马河（图9-2）、朝阳公园等蓝绿空间资源，重点集聚特色亲子互动、都市休闲等餐饮业态；奥运功能区充分挖掘鸟巢（国家体育场）、水立方（国家游泳中心）等奥运遗产特色，聚集了一批高端商务餐饮和会展服务配套餐饮企业，促进餐饮与体育文化的深度融合。同时，朝阳区积极推动美食IP建设，推出朝阳美食消费地图，鼓励餐厅打造制作DIY体验、烘焙工坊、研发增设预制菜、外卖品类，并推广冬奥村烹饪机器人成功经验，创新"智慧餐厅"经营模式，擦亮朝阳美食名片。

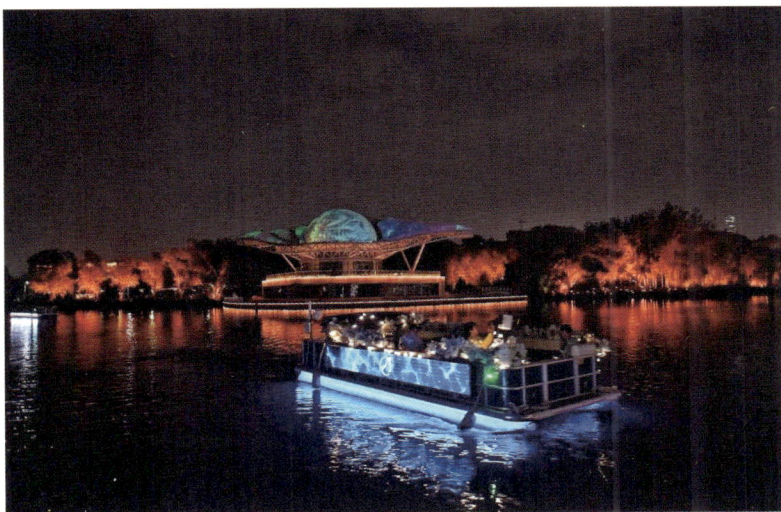

图 9-2　亮马河夜景

图片来源：文旅北京公众号，新京报记者王飞摄

（三）优化设施业态布局，提升商圈时尚消费能级

朝阳区充分发挥政府在整体规划、制度保障、公共服务、资源整合等方面的积极作用，不断优化消费设施完善业态布局，推动重点商圈"一圈一策"发展，提升商圈发展能级。

1.打造首都国际旅游消费"金名片"

朝阳区将亮马河的现有资源整合，运用光科技展现运河文化，成功打造了亮马河国际风情水岸，实现了以河道复兴带动城市更新。亮马河串联起了三里屯、燕莎、蓝色港湾三大商圈，沿线"首店、首牌、首秀、首发"经济促使商圈结构和品牌类型调整升级，吸引了大量消费者，激发了区域经济活力，形成京城东北部地区的一条重要滨水商业带。12万平方米的夜间营业空间内400家品牌入驻，打造出了沉浸式、体验式"夜间经济"文旅消费IP，成为市民休闲亲水的绝佳场所和网红时尚打卡胜地。

2.拓展时尚消费空间布局，推动"地铁一小时生活圈"建设

2023年，朝阳区释放近百万平方米的商业空间，其中，位于亚奥商圈的DT51商场于1月初正式营业，辐射周边上百万中高端社区居民，填补北京北部高端商业的空白（图9-3）；THE BOX朝外项目紧抓"Z世代"消费需求，打造全市首家空中光影篮球场，积极推动民族新国货及本土设计师品牌发展，将潮流文化以策展形式

图9-3 位于朝阳区大屯路商圈的DT51

图片来源：北京潮生活公众号

融入实体空间，呈现全年不断的各类艺术活动，成为北京中心地标。同时，朝阳区通过地铁线路连接朝阳购物、餐饮、潮店、文旅等生活圈，推动消费业态与消费者需求半径进一步融合，持续推动"地铁一小时生活圈"建设，展示便捷、时尚、丰富的朝阳时尚消费特色。

（四）打造时尚体育场景，深入挖掘新消费增长点

在国家体育总局、国家发展改革委等八部门联合印发《户外运动产业发展规划（2022—2025年）》中提出：到2025年，户外运动场地设施持续增加，普及程度大幅提升，参与人数不断增长，户外运动产业总规模超过3万亿元。目前，户外运动已进入了高速增长期，"时尚+体育"消费潜力不断释放。近年来，朝阳区借助体育赛事、体育展演、体育培训等形式增强时尚消费能力，创新体育消费场景，为时尚消费转型升级注入新活力。

1.举办时尚户外运动消费季活动

为助力北京市国际消费中心城市主承载区建设，推进朝阳区户外时尚体育运动高质量发展，朝阳区以"潮朝阳·潮体育"为主题，打造时尚户外运动消费季，大力培育和打造体育消费新场景，深入挖掘新消费增长点，展现"双奥朝阳"魅力（图9-4）。2023年的消费季围绕朝阳区"五城"建设，以奥运、绿道、时尚园区三条特色骑行线路为依托，展现博物馆之城、阅读之城、艺术之城、双奥之城、时尚之城。

图 9-4　"双奥之城·骑 IN 潮阳" 系列骑行活动

图片来源：朝阳区体育产业管理中心

2.完善全民健身公共服务体系

目前，朝阳区全区体育场地总面积已达9□4.81万平方米，未来将会新建、更新一批优质全民健身场地设施，全面打造具有朝阳特色的体育嘉年华，壮大朝阳区新消费动能，进一步扩大体育人口，激发广大市民参与体育健身的积极性。同时，还将开展形式多样的全民健身活动，实现线上线下结合、全社会参与、分层级联动的活动赛事全区覆盖，鼓励建立和培育更多的体育社会组织，推广时尚体育健身项目，加强全民健身科学精准指导，打造具有区域特点的全民健身事业发展新模式。

四、朝阳区时尚消费转型升级的建议

（一）优化时尚消费顶层设计，倾力打造时尚消费新标杆

1.加强科学决策

积极对接国内高端智库，学习借鉴国内外知名时尚之区的经验做法，开门决策，精心研究朝阳区时尚消费转型升级这一重大课题。集中力量制定朝阳时尚产业数字化转型发展方案，加快设立朝阳区时尚产业基金。

2.顺应数字化转型导向，推动数字技术在制造端和消费端场景应用

鼓励企业加快推进时尚消费品产业个性化定制和柔性生产融合，发展智慧化、可视化、透明化的智慧供应链，动态配置制造资源，拓展新型线上线下营销渠道，满足消费者个性化需求，推动时尚消费品产业实现设计数字化、生产智能化、管理精益化、供应链协同化升级。

3.做强朝阳时尚发布平台，扩大品牌影响力

整合区内时尚展会、时尚发布、时尚商圈、时尚论坛、时尚传媒等多维元素，支持打造朝阳时尚活动发布平台。聚焦海外潮流、颜值美妆、国货新品等细分领域，大力引进首店、首牌、首秀、首发，保持首店经济可持续增长态势，激发起群众丰富、多元、细分的消费新需求。

（二）打通时尚消费落地通路，全力促进供需精准对接

1.拓展时尚消费新业态，增强市民时尚鉴赏力和消费力

推出朝阳时尚消费周等专项活动，打造集时尚品牌发布、产业交流对接、时尚生活体验等于一体的时尚嘉年华，线上线下齐发力，拓展时尚消费新业态。依托北京国际设计周等活动，打造集合特色文化街区、旅居民宿、时尚餐饮、咖啡馆、书店以及综合商业类等新消费场景，增强市民的时尚鉴赏力和消费力。

2.推动国际组织机构、高端商务楼宇等资源的中西融合

依托朝阳区外国领事机构、高端商务楼宇等资源聚集优势，深入实施补链强

链、数字消费创新引领等行动，继续大力招引世界500强等龙头企业，推动国际国内知名时尚设计、时尚策展、智能制造、知识产权服务等产业链高附加值企业加快落地。继续发挥四季酒店、丽思·卡尔顿酒店、国贸大饭店等涉外饭店的品牌示范带动作用，引导其国际美食到特色商圈开设分店；发挥使领馆、国际组织资源优势，推动中西融合，推出国际美食菜品。

3.强化传承创新发展

持续放大首发首店效应，激发"老字号"传承创新，筹建朝阳老字号协会，为讲好朝阳品牌故事，搏击市场蓝海塑造新动能、新优势。发挥金盏自贸区的平台作用，深度参与中国国际进口博览会、中国国际消费品博览会等展会，做好时尚品牌推介与输出，提档升级中高端时尚商品消费。

（三）推动时尚消费融合创新，培育城市经济新增长点

1.不断推陈出新，以丰富形式为消费者带来更好的夜间消费体验

推出夜间消费惠民优惠等主题，发布"24小时朝阳"夜间消费活力指南，围绕夜食、夜娱、夜动、夜读四大板块，推出一批以新潮玩法、独特体验、24小时营业等为特色的朝阳夜间潮流消费目的地，为市民游客提供"时尚潮、烟火气、年轻力"的深夜消费好去处，帮助优质的夜间消费供给更好地融入市民生活。

2.守护时尚朝阳IP，打造北京的城市名片

积极引导企业精准商圈定位，凸显品牌特色，构建多层次、多维度、富有特色的"首店+生态圈层"，推动"首店经济"不断焕新。大力推进博物馆之城、阅读之城、艺术之城、双奥之城、时尚之城建设。通过鼓励深耕"直播+文创+零售"新模式、打造示范性"一刻钟阅读圈"、实施全民美育工程、推进"文化三里屯"时尚品牌建设、丰富"双奥"主题产品与服务供给等，实现时尚和文化旅游高质量融合发展。

3.加强政企联动，积极推出多项促消费升级举措

探索政企多方联合服务，加快制定时尚消费市场创新发展奖励项目支持政策，拿出"真金白银"激发消费市场创新活力。发放文旅消费券，延长景区景点开放时间，持续增强假日消费拉动经济增长的基础性作用。

（四）加快文商旅体融合步伐，不断创新时尚消费场景

1.推动时尚与文化、时尚与旅游、时尚与商业、时尚与体育多维度融合，丰富时尚消费新供给，有意识地将时尚消费培育成为朝阳新的比较优势

加强文商旅体资源整合联动，注重时尚发布与朝阳特色相融合，提高京味元素和朝阳元素在时尚发布活动中的显示度。积极推动时尚发布从B端产业交流延伸至

C端消费体验，让时尚产品走进公众生活，更好地拉动和促进消费。

2.升级特色时尚消费街区建设

持续开展特色文旅活动。构建商业街区、文创园区等有机融合体，推动线上线下文化消费深度融合，打造多元化、复合化、数字化的文化消费新场景。建设多点支撑、多业并举的地铁14号线商业带，打造'CBD×三里屯'国际消费体验区，提升亮马河国际风情水岸沿线业态品质，将新工体打造成枢纽型商业节点，将朝外大街打造成适合"Z世代"消费特点的"潮朝外'生活美学街区。

3.拥抱数字赋能消费

发挥国家文创实验区的引领作用，综合运用大数据、VR、8K高清等技术，加快转型升级为以数字文化、电商直播、网游电竞、时尚消费等为特色的新型文化产业园区。积极培育数字化消费"链主"企业。搭建独具特色的数字消费新场景，推动时尚消费升级。

（刘雅婷　北京服装学院时尚研究院

席阳　北京服装学院商学院）

参考文献

［1］孙馨月．理解新时代社会主要矛盾的几个维度［J］．中共山西省委党校学报，2018，41（3）：21-23．

［2］朱小麟．论时尚消费中消费者的审美心理取向［J］．商场现代化，2008（32）：36-37．

［3］岳志坤．"90后"族消费者个性限量营销策略分析［J］．生产力研究，2016（5）：150-152．

［4］张亚琦．北京时尚产业发展路径研究［D］．北京：首都经济贸易大学，2018．

［5］陈文晖，熊兴．关于北京打造国际时尚之都的思考［J］．中国纺织，2018（6）：122-124．

［6］王元．世贸天阶流光溢彩的消费天堂［J］．时尚北京，2020（1）：54-56．

［7］夏毓婷．论国际时尚之都建设的价值导向与战略重点［J］．湖北行政学院学报，2014（6）：48-51．

［8］李焱．"文化+"赋能国家文创实验区［J］．投资北京，2020（10）：59-61．

第十章　朝阳区建设"时尚之城"的做法、经验与启示

近年来，北京市朝阳区作为"中国涉外第一区"和全市经济强区，其时尚产业发展卓有成效，已成为展现新时代大国首都新形象、促进消费提质升级、推动产业跨界融合创新的重要抓手。为了进一步提升全区时尚产业链供应链现代化水平，全力抢占全球时尚产业价值高地，朝阳区开始推进"时尚之城"的建设。

一、朝阳区建设"时尚之城"的具体做法

围绕建设"时尚之城"，朝阳区着力整合资源，营造环境，重点从打造"咖啡之城""美食之城""24小时不眠城区"等维度推进。

（一）打造"咖啡之城"

作为一种舶来品，咖啡已经演变成为国人日常生活中不可或缺的一部分，喝咖啡已经和饮茶一样，成为一种新的日常。近年来，我国咖啡的消费规模持续上升，从2017年的284亿元上升到2022年的1191亿元，据预测，消费规模还将以年均超过20%的速度增长（图10-1）。

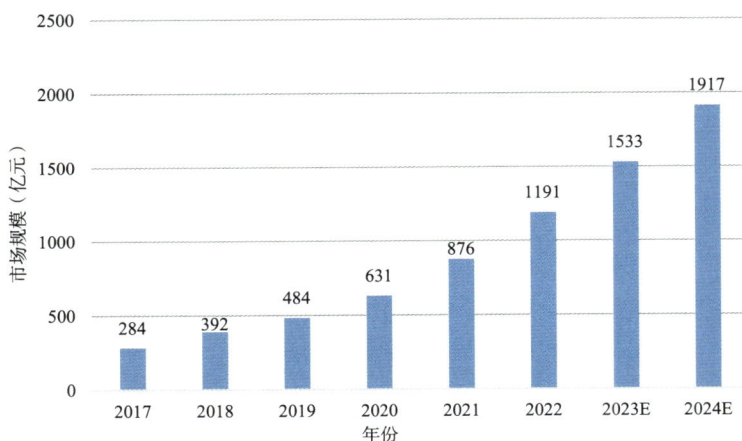

图 10-1　2017—2024 年中国咖啡市场规模

数据来源：饿了么・新服务研究中心《2023 中国现制咖啡行业白皮书》

为了更好地满足人民群众的消费需求，朝阳区提出了建设"咖啡之城"的概念，借助本区的政策优势，通过以下三种方式推进"咖啡之城"的建设。

1.鼓励咖啡店建设

目前朝阳区聚集了北京市50%以上的咖啡门店，如美国的Peet's、意大利的Lavazza、日本的%Arabica，本土品牌Grid coffee、S.O.E coffee等著名品牌。其中，北京CBD则是北京市咖啡店密度最高的区域，有近700家在营咖啡店，万人咖啡店拥有量超过纽约、东京等国际消费中心城市（图10-2）。根据美团研究院发布的《朝阳区咖啡消费调研报告》，朝阳区外卖和到店订单量占北京市总量的约42%和39.8%。同时，朝阳还有诸多特色咖啡店，如望京小街的北京首家"中国邮政·邮局咖啡"，拥有独特的蜡染艺术品的星巴克臻选"非遗"店，在享用臻选咖啡和美味饮品的同时，可以领略中国文化瑰宝的魅力，还有主营特调的BERRYBEANS……朝阳应有尽有。为了进一步推进咖啡店建设，朝阳区从政策上进一步简化申请流程，例如，区政务服务局为破解咖啡企业"准入不准营"的难题，发出了"咖啡店"综合许可凭证，将同一行业经营涉及的多项行政审批事项跨部门集成办理，推动行政许可减环节、减材料、减跑动、减时限，实现"一次告知、一表申请、一窗受理、一网通办、一证准营、一码联动"，大大提升企业办事的便利度和获得感。

图 10-2　金桐西路咖啡街

金桐西路咖啡街

朝阳区提出建设"咖啡之城"的概念之后，大力推进咖啡行业发展。其中，位于CBD中部的金桐西路脱颖而出，成为北京市咖啡店最密集的街道。得益于两个SOHO容纳了很多小咖啡店，400米范围内，有21家咖啡厅，相当于每百米5.3家。在这条街道上，不仅咖啡店数量众多，而且种类多样，既有如星巴克、Manner Coffee、瑞幸咖啡等连锁品牌，还有吾肆Flora Cafe Bar、DUO whisky and coffee、一家只有美式的咖啡店等多家个性化网红品牌咖啡馆，可以满足消费者不同口味需要，成为一条名副其实的"咖啡之街"。

2.成立国际咖啡交易中心

2022年6月20日，北京国际咖啡交易中心（BJICC）落户朝阳。北京国际咖啡交易中心以国际咖啡贸易为核心，立足朝阳，致力于打造中国最大的咖啡交易市场，同时大力促进朝阳区咖啡及其衍生产业的增长。北京国际咖啡交易中心是集咖啡生豆处理、咖啡国际大宗贸易、咖啡烘焙、咖啡消费、咖啡文化、咖啡教育、咖啡指数、咖啡金融与数字贸易于一体的面向全球市场，覆盖咖啡全产业链"从种子到杯子"的综合服务交易中心平台。中心成立之后，积极推进咖啡产业发展，推出的中华"非遗"咖啡品牌——有鹿咖啡连锁店在朝阳区首发（图10-3），同时在朝阳打造数字咖啡之城——咖啡小镇。北京国际咖啡交易中心将引进更多知名咖啡贸易企业落户朝阳，提供更全面、专业的金融产品及服务，实现区域内贸易交易市场政策突破。2022年服贸会（中国国际服务贸易交易会）期间，中心全国首创项目签约21.85亿元。在平台的扶持下，各式咖啡馆不断进驻朝阳。

图10-3　有鹿咖啡

有鹿咖啡

2023年，5月13日，北京国际咖啡交易中心认证的"非遗"咖啡品牌——有鹿咖啡在朝阳区首发并正式落户CBD，有鹿咖啡CBD店（月神店）正式开业，为朝阳区打造"咖啡之城"再添一新兵。有鹿咖啡是代表北京市朝阳区面向全球的新国风、新消费咖啡连锁品牌，IP形象以麋鹿作为创作灵感，这种神兽不仅是停留在传说中，现实中的麋鹿头脸像马、角像鹿、蹄子像牛、尾像驴，诞生于华夏，繁衍于全球，是世界珍稀动物之一。同时，有鹿咖啡品牌名称取"一带一路"中的"路"（鹿）的谐音，致力于与众多"一带一路"沿线重要咖啡主产国一道，赴时代之约、创共赢之路、承中国之诺。打造兼具国际市场竞争力、影响力、亲和力和生命力的"有鹿国风"中华"非遗"咖啡文化品牌。助力中国品牌与世界共享、中国文化与世界互鉴。"中国风、世界味；有鹿咖啡、爱国风，有鹿咖啡，爱（i）朝阳"。

依托北京国际咖啡交易中心，对有鹿咖啡品牌进行了全线支持与孵化，从咖啡生豆原材料品质把控、品牌定位、全球连锁布局等战略层面进行提纲挈领的支持与引导。使有鹿咖啡可以专注于"精品咖啡"领域，提供高品质咖啡产品及精品咖啡服务。

3.举办各类咖啡文化活动

为推动咖啡产业发展，朝阳区积极举办各类咖啡文化活动。由香江国际中国地产等联合主办的2023金台市集——第三届北京CBD咖啡青年节、商务部外贸发展局举办的"2023原产地咖啡品鉴暨推介交流会——北京CBD专场"进口促进活动、北京银泰中心in01和北京嘉里中心等商业体举办丰富的咖啡市集活动等，来自全球各地的参展商带来了一场咖啡盛会，让消费者足不出京就能一站式打卡著名咖啡品牌和知名网红店，品尝到全国各地的美味咖啡，并可沉浸式体验咖啡文化（图10-4）。以上咖啡文化活动获得了广泛关注，积累了良好口碑，形成了咖啡文化IP，从而进一步助力了朝阳区咖啡文化的推广。

图 10-4　CBD 咖啡青年节

CBD咖啡青年节

2023年5月，2023金台市集·第三届CBD咖啡青年节在北京市朝阳区顺利召开。在为期4天的活动中，来自全国各地的百余家参展商齐聚北京CBD，邀请咖啡爱好者品鉴咖啡。咖啡节不仅让咖啡爱好者一站式打卡全城咖啡馆和全国网红店，同时也为咖啡品牌提供了展示的平台。除了来自北京本地的70多个咖啡品牌外，此次咖啡节还有来自上海、广州、天津、西安、厦门、青岛等15个城市的33

个精品咖啡专业品牌。

自2021年，北京CBD管委会指导、香江国际中国地产联合媒体"行走与咖啡"开始共同主办北京CBD咖啡青年节。每次青年节均会邀请北京、上海、天津、青岛、深圳等地的众多精品咖啡品牌，齐聚北京CBD商圈，展示精品咖啡、个性咖啡的迷人魅力。CBD咖啡青年节自2021年起已成功举办三届，累计有近300个咖啡品牌参与，接待消费者超4万人，有力拉动财富购物中心客流量提升20%。

（二）打造"美食之城"

餐饮消费一直是我国消费领域的重要组成之一，对于扩大内需，推进经济发展具有重要的基础性作用。我国餐饮收入从2013年的25392亿元，增长至2022年的43941亿元。尽管近三年餐饮业的收入出现一定程度的下滑，但2023年上半年，餐饮行业复苏强劲，据商务部监测，2023年春节期间全国重点零售和餐饮企业销售额与2022年春节相比增长了6.8%。餐饮行业已经成为我国经济复苏的重要推动力量。

同时，近年来，餐饮已然成为各个城市的名片，北京的烤鸭，淄博的烧烤……吃吃喝喝里，人们积攒已久的"味蕾"需求集中释放；欢声笑语中，美食让人们的假日生活多了一层幸福与满足（图10-5）。

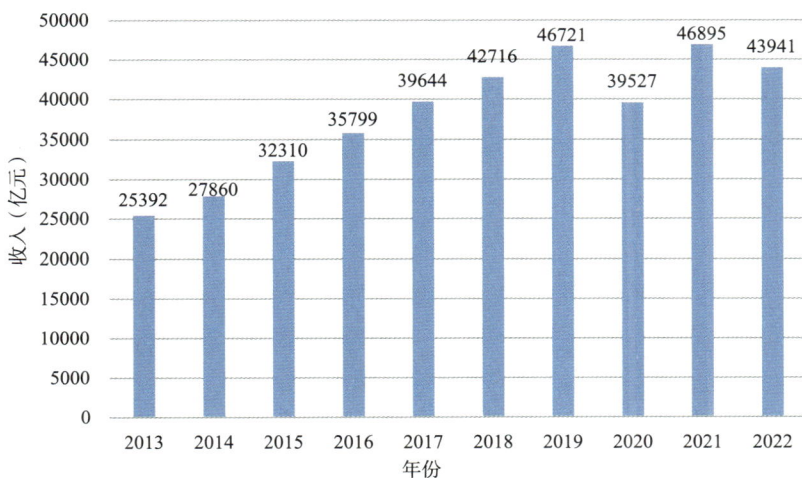

图 10-5　2013—2022 年中国餐饮收入

数据来源：NCBD（餐宝典）& 抖音生活服务《2023上半年中国餐饮行业发展监测报告》

朝阳区借助北京丰富的历史文化底蕴以及得天独厚的政治文化中心地位，融合各方特色，积极打造美食之城，目前已形成以下特色饮食商业街。

1.米其林黑珍珠一条街

美团发布的《中国精致餐饮行业报告2023》数据显示，精致餐饮消费正在快速发展，在北京精致餐饮top5商圈中，朝阳区占80%。这些餐厅主要分布在亮马桥、三元桥、国贸、建外、三里屯和工体、大望路等区域。朝阳区精致餐饮数量也在不断增加，截至2023年2月，精致餐饮门店已达到410家，位居北京各区首位。此外，在2023年黑珍珠餐厅指南中，朝阳区上榜餐厅数量达26家，居全国各区第一，占北京市上榜餐厅总量的68%，入榜餐厅的菜系在北京各区中位居第一，共涉及14个菜系，既覆盖京鲁菜、本帮菜、火锅等国内代表美食，也囊括日本料理、法餐、意大利菜等国际精品美食。"黑珍珠"等精致餐饮品牌已经成为朝阳区打造"美食之城"的一个缩影。为了进一步推进餐饮业发展，朝阳区还积极打造餐饮特色街道，推动国内外知名美食品牌首店入驻，启动朝阳美食IP建设，努力推出"朝阳美食"品牌（图10-6）。

图 10-6　景祥美食街

景祥美食街

景祥街位于繁华的东三环国贸地区，属于朝阳区建外街道，周边是楼宇林立的CBD核心区，目前已引入了10余家高品质餐次品牌。

由于街道两侧的老旧办公楼已有20余年的楼龄，建筑破旧不堪，配套设施不全，因此，商业较为零散、不成规模，不符合国贸商圈的总体定位。朝阳区为了更好地打造朝阳美食品牌，对于景祥街进行了总体设计和提升。此次景祥街提升范围长约200米，自中航工业大厦附楼西端起，至瑞赛商务楼东端南郎家园外墙止，建筑面积1.4万平方米。完成改造后，景祥街将引入12家到15家高品质餐饮品牌，为这些高端餐饮门店提供更多承载空间，力争将其打造成为有中国特色的"米其林黑珍珠"一条街。

美食并非这条小巷唯一的魅力，景祥街还将增设小剧场、小型音乐演出场所等文娱业态，并增设会员超市、绿色食品零售店、便民厨房等民生配套业态。形成商旅文体融合发展的消费氛围，提升消费品质，原本就灯火绚烂的景祥街将因此更加璀璨。

2.国际美食一条街

朝阳区区位独特，是外国大使馆集中的区域，第一使馆区、第二使馆区、第三使馆区汇集于此。因此，朝阳区积极发挥国际人员交流频繁，使领馆、国际组织资源优势，打造特色日料、精致韩餐等国际美食街道。在亮马河畔，临近日本大使馆，300米长街上有十几家日料店，相当于每百米超过5家，拉面、居酒屋、烧鸟、关东煮、刺身、寿司各色小店汇集，二郎系拉面庄、七麦町、一番街的关东煮……成为京城日料小店最密的一条街，号称日料"一番街"。夜晚华灯初上，人潮熙攘，街巷闪烁着温暖的灯光，成为"日料爱好者"的打卡胜地。望京是在京韩国人居住最为密集的区域，广顺北大街则成为北京韩餐最密集的地方，200米范围内有20多家韩餐馆，安客葱鸡、饭阿姨、绥兴盛……一家挨着一家，混着浓郁的泡菜香气（图10-7）。

图 10-7　中粮·祥云小镇

中粮·祥云小镇

顺义中粮·祥云小镇位于北京最早的高端别墅区中央别墅区与临空经济核心带上，隶属空港街道，整体面积达20余万平方米，2014年开始营业。作为大悦城控股旗下的全天候开放式街区，整体建筑风格上，祥云小镇采取了欧式建筑风格。从细节上看，祥云小镇的街道没有蓝色港湾和太古里宽敞，商铺更为紧凑；四周的景观绿植与花卉更为密集和精致，并围绕在商铺周边，不经意间助力打造了门店的户外空间。小镇以"欢聚场·居心地"为品牌定位，以"与世界奇遇"为口号，海纳无国界美食、品质生活、公共艺术、文化消费及娱乐体验，是名满京城的"微度假胜地"。

祥云小镇汇聚了30多种国际美食，把远方的美味一次性打包带给你。俄式拿破仑、西班牙火腿、墨西哥塔可……还有烤鸭、大串、小龙虾等中式美味，仿佛在舌尖上游走了一遍世界。除了美食餐厅，在街上闲逛时可能会偶遇街头艺人表演和巡游，为你带来突然的惊喜。夜色来袭，小镇彩灯亮起，吹着清凉的晚风，听着店铺传出的音乐，让人一身轻松。

3.火锅一条街

火锅是中国的特色美食之一，深受人们的喜爱。尤其是在寒冷的冬天，一顿热腾腾、香味四溢的火锅，不仅能给人带来舒适的口感，还可以温暖身心。由于其烹调简单、促进交流、有益健康、增强情感、温暖身心等，成为人民群众普遍青睐的美食。在朝阳区，火锅味道最浓郁的一条街当属工体东路，重庆火锅、潮汕火锅、海鲜火锅、台式火锅、电台巷火锅、珍滋味港式粥火锅、菁喜老火锅……在路边、在楼上、在街里，林林总总10余家火锅店，顾客络绎不绝。不少店面都是该品牌的北京首店，汤底香醇，涮品丰富，极大地满足了各地饕客的味蕾。另外，在朝阳区东部的常营地区，常营中路不足3公里的距离，汇集了约30家牛羊肉清真美食店铺，相当于100米就有一家，这也为各家火锅的发展提供了丰富的原材料，各式牛羊肉可以在肉质好、价格优的常营中路一站式购齐。

（三）打造"文化之城"

朝阳区强化以文化赋能城市更新，积极对文化馆、博物馆、美术馆、图书馆、城市书屋、影剧院等公共文化空间进行时尚化改造，打造文化演艺消费新空间，完善重点景区和商圈支付、语种、应急等便利化功能和无障碍环境建设，全面推进城市时尚更新，提升绿色、休闲、宜居生活品质。

1.建设各类博物馆

朝阳区文博资源丰富，是北京博物馆之城建设的核心区和引领者。朝阳区统筹全区文博资源，构建要素完备的生态，形成文博事业与产业融合新局面，将博物馆建成为"上可达历史长河，传承五千年，下可抵文娱日常，偷得半日闲"之所。目前，朝阳区博物馆数量已达64家，实现平均5.4万人拥有一座博物馆，博物馆覆盖率远超北京"十四五"时期目标（每10万人拥有1.2家博物馆），其中已完成北京市文物局注册备案的博物馆有32家，占北京地区备案且正常开放博物馆的23.2%，国家级博物馆数量8家，居全市第一。

2.推进阅读之城建设

为了提升居民文化素质，朝阳区积极推进阅读之城建设，已培育形成44家特色城市书屋（图10-8），面积超过2万平方米，藏书量超过15万册。同时，朝阳区已汇聚80多家时尚品牌书店，各类书店达324家，居全市首位。

图 10-8　朝阳区特色书屋

（四）打造"服饰之城"

纺织服装行业是我国传统的支柱产业，具有庞大的市场和消费潜力。

2021年，我国服装、服饰规模以上企业主营业务收入为15291.6亿元，比上年增长10.3%。为了进一步推进纺织服装行业的发展，朝阳区重点推进以下工作（图10-9）。

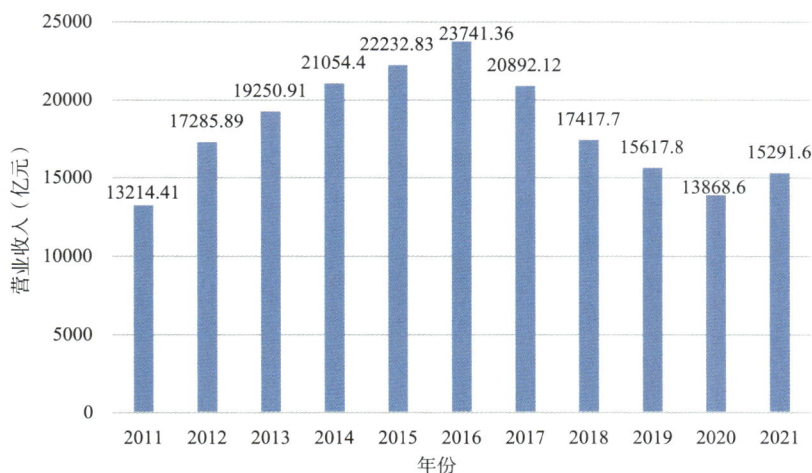

图 10-9　我国服装、服饰规模以上企业主营业务收入

数据来源：国家统计局

1.搭建时尚传播平台

通过举办国际时装秀、打造服贸会朝阳区时尚展台等形式，加大对中国时尚品牌，特别是国潮品牌、老字号品牌、设计师品牌的多维度、创意化推广，深化"最具活力和创新力的国际时尚之城"朝阳时尚标签。

2.传播时尚理念

重视传播时尚理念，朝阳引领城市潮流，树立新时代北京国际时尚风向标。为此，朝阳区将联合驻区艺术院校，加强中国时尚流行趋势的研究与发布，定期发布年度《北京时尚产业发展蓝皮书》。

3.打造服装服饰特色街区

（1）潮流艺术街区。新潮、文艺、时尚、创意、文艺范儿十足的798艺术区，是文艺青年的"打卡圣地"，是中国"当代艺术"在北京的发源地和风向标，售卖各种服装、家居、饰品等，使其成为朝阳区的独特名片和夜间文旅消费新地标。

（2）奢侈品汇集。在西大望路上，高级奢华与流行时尚融为一体，有全球最具标志性时尚奢侈品商场，SKP、SKP-S、华贸等，国际名品店云集于此，被消费者誉为"中国高端商场天花板"；在三里屯，时尚、文化和艺术合为一体，已经成为北京市的网红景点。北区集结了GUCCI、Alexander McQueen，GIVENCHY，CÉLINE等众多奢侈品牌，南区则集结了Maison Margiela，UNITED TOKYO，UGG等众多潮流品牌。

（五）打造"24小时不眠城区"

夜间经济是城市消费"新蓝海"，其繁荣程度被看作是一座城市经济开放度、便利度和活跃度的晴雨表。2019年，由国务院办公厅印发的《关于加快发展流通促进商业消费的意见》中，首次将打造活跃的夜间商业和夜间市场作为目标。朝阳区以夜间经济发展为主旨，出台各类政策措施扶持、优化夜间营商环境、完善配套设施服务，打造"24小时不眠城区"。

1.丰富夜间消费服务

联动中骏世界城、合生汇21街区等各大商圈、商业街区，培育线上线下消费活动品牌，打造网红IP，鼓励夜市、夜食、夜展、夜秀等夜间消费服务。

2.精心策划特色夜间旅游项目

（1）周末开启大望京、奥林匹克塔、CBD、通惠河等重点区域的夜景照明设施，不仅有精彩的灯光秀，同时还延长了亮马河两侧建筑物开启时间，以更好地满足市民游客需求，提升朝阳夜景形象。

（2）创新策划亮马河航线灯光秀、时尚秀等活动，宣传推介通惠河（高碑店段）运河文化水岸文旅光影新场景，支持三里屯、国贸等夜京城地标发展。

3.培育"深夜食堂"

培育一批"深夜食堂特色餐饮街区"、24小时便利店、24小时书店等，引导商业主体适当延长夜间营业时间。例如，华贸17街等建设了"深夜食堂特色餐饮街区"。

4.提供便捷交通服务

为了进一步释放夜间消费潜力，朝阳区还与京港地铁合作，双向延长地铁14号线每周五、周六末班车运营时间，进一步提振夜间消费，点燃活力夜京城，让晚间乘客出行更顺畅便捷。北京CBD管委会开通免费商务班车商圈专线，专线途经万通中心、尚都北塔、世贸天阶、汉威大厦、国贸中心、富力广场、乐成中心、合生汇，串联了北京CBD区域主要商场，为CBD区域白领提供畅行无忧的消费环境。

北京朝阳合生汇

北京朝阳合生汇紧邻国贸、华贸两大商圈，位于CBD东区金角之上，地处广渠路和西大望路两大交通主动脉交会之处，与地铁7号线、14号线直接连通，定位于集购物、餐饮、娱乐、休闲、儿童体验业态于一体的精致生活体验式购物中心。

朝阳合生汇是合生商业城市综合体产品线在北京落地的第一个项目，仅两年就实现了日均客流超过15万人次，并孕育出潮流文化街区IP"21区BLOCK"。响应朝阳区打造"24小时不眠城区"，"21区BLOCK"率先尝试延时经营，此后又升级了深夜食堂，占地约2万平方米，聚合了200余家特色餐饮商户；打造出更具有趣味性和生活气息的深夜市集，30多个跨界平台集合了夜间小剧场、VR竞技、直播、音乐现场等各个元素，商场一层的喜剧现场（脱口秀俱乐部）和五层的寰映影城，都营业到凌晨2点，六层的星聚会KTV营业到凌晨6点。在"食堂吃"这个大背景下，合生汇加磅了宵夜美食、特色美食，加大了边走边吃品类的比重等。同时相机潮人、尤克里里、Rap街舞、巡游DJ等互动活动也响应袭来，消费者不但可以吃，还可以逛、可以买、可以玩。

整个街区不定时推出情调部落、霓虹记忆、深夜市集、吃货轰炸机、独立舞动内核等精彩活动，活跃深夜食堂消费氛围，增强顾客体验感和浸入感，营造具有港式风情的深夜食堂场景，打造出全新的夜间生活体验场所。

二、朝阳区建设"时尚之城"的经验

（一）积极引进品牌首店、新品首发、时尚首秀，推进全球首发中心建设

首店首发经济是指国内外零售企业在特定区域开设其在一定区域内的首家门店

或旗舰店。首店首发经济是目前消费领域的高频热点和创新重点，无论从消费端还是供给端来看，都具有强大的吸引力和驱动力，体现了一个区域时尚经济活力和时尚产业发展水平的重要表征。对消费者而言，首店作为新鲜事物吸引年轻消费群体猎奇打卡；对商业项目和商圈而言，首店和首发具有巨大的营销价值，有利于树立品牌形象和升级焕新，加快将客群的流量转化为实际的购买力。因此，朝阳区顺应北京发展"繁荣首店首发经济"的消费驱动策略，积极推进首店首发经济。

1.积极鼓励国际高端品牌、时尚前沿品牌等在朝阳区开设全球性、全国性和区域性的品牌首店、旗舰店、体验店

朝阳区近年来加速吸引各大企业开设首店，2022年北京市共引进首店812家，其中朝阳区引进首店433家，三里屯商圈引入首店63家。

（1）从首店类型看，包括全球首店、亚洲首店、中国（内地）首店、北京首店。其中，天梭全球首家T-Heart概念店入驻SKP-S，MOUSSY STUDIOWEAR全球首店、MILEYtea全球首店登陆朝阳大悦城，GENTLE MONSTER全球旗舰店落户三里屯太古里，苏宁易家广场全球首店落地四元桥，CARITA（凯芮黛）亚洲百货首店落户SKP。

（2）从品牌属地看，中国品牌714家，占比约88%，与2021年相比提升了3个百分点；国外品牌98家，占比约12%，共来自20个国家和地区。

（3）从业态分布看，餐饮业态共470家，占全年新增首店数量比重约58%，是第一大业态。其后包括零售业态、休闲娱乐、儿童体验、生活服务等业态。

2.邀请国内外知名品牌举行时尚首秀和知名新品发布会

通过时尚首秀和新品发布会的集中展示，一是可以让消费者充分了解品牌的理念、文化和品质，打造出更为独特的视觉效果和氛围，吸引客户关注，提高品牌知名度和美誉度，让品牌和客户有更为充分的互动和交流的机会，建立更为紧密的联系。因此，朝阳区与相关品牌合作，举行各类品牌时尚首秀和新品发布会。2023年，"型走亮马河"国际时装秀首次亮相了来自Shahar Avnet，Kawayan，Noritamy以及Shenkar College 4个国际知名品牌设计师的作品。2019年北京服装周期间，国际品牌Roland Mouret、美国百年泳装品牌JANTZEN等品牌举行了中国首秀。2023年，在2024北京时装周上北京大华时尚科技发展有限公司举行了PURE TOUCH"行·迹"2024SS新品发布会，该公司旗下的PURE TOUCH品牌，一直以时尚、干练、简洁、明快的风格深受消费者的喜爱，本季发布会以"行·迹"为主题，聚焦"光—影"变幻的色彩、形状与质感，当"光"自由穿梭，"影"便是证明"光"存在的哲学，"拂晓·境由光生""旭日·与光同行""日华·万物生长""薄暮·光影力量"四个章节，展示近60套服饰。同时，铜牛集团也在北京城市副中心张家湾设计小镇举行了旗下品牌鬆雪草·春晓SS2024春夏新品发布会。此次铜牛携手著名设计师邹游共同打造鬆雪草品牌，始自2016年铜牛在北京时装周发布的BLESS概念产品，以其"时尚、简约、文艺"的风格受到广大消费者喜爱。鬆雪草品牌倡导舒适从容、积极向上的生活态度，此次新品发布会以"春晓"为主题倾情上演，通过"微风""调色""不可重复的瞬间""风起"四个系列发布时尚大秀。

朝阳区通过以上方式，多渠道、多维度助力品牌"出圈"，全面助力国际消费中心城市建设。通过多种措施的推进，朝阳区在我国首店首发经济发展领域的领先地位进一步巩固，全国时尚风向标和策源地的作用进一步强化，时尚零售新秩序正在加快形成。下一步，将继续鼓励引导更多首店、旗舰店落户朝阳，打造一批标志性品牌、展会和活动，提升全球消费时尚引领度，持续推进新消费品牌孵化，培育有影响力的本土品牌，力争成为全球首发中心。

（二）加快构建"一纵一横"商业带，打造千亿规模国际级商圈

"一纵一横"商业带是朝阳商业的建设重点，这一商业带由地铁14号线、亮马河串起。

1."一纵一横"商业带基本情况

纵向上：朝阳区在纵向上加快构建"14号线商业带"，联动沿线合生汇、颐堤港、望京小街等六大商圈提质升级；横向上：研究建立"亮马河国际风情水岸"商业规划联席机制，推动实现多方共治共建共享。以亮马河国际风情水岸为依托，自西向东串联三里屯、燕莎、蓝色港湾三大商圈，以河道复兴引领城市更新、激发区域消费活力。此外，朝阳区还推动北投购物公园、Teamlab朝阳大悦城馆等项目开业，朝外大街昆泰商城、三里屯太古里北区等项目加快改造。

2."一纵一横"商业带建设路径

借助CBD、三里屯两大北京市标志性商圈，整体推进"一纵一横"商业带建设。

（1）朝阳区围绕CBD自身特质和资源禀赋，重点打造CBD千亿规模国际级商圈，为此做出以下措施：

一是CBD发起成立消费大数据实验室，为区域消费工作开展提供有力支撑。实验室由北京CBD管委会联合科技公司、支付清算机构、商圈和消费品牌等联合发起，将与消费领域研究机构联动，发挥大数据和人工智能等数字技术对商圈和消费工作的数据支持和监测指导作用，逐步构建CBD消费指数体系和消费市场大数据监测平台，助推消费动能升级。二是CBD商圈举办多层次、多元化的时尚活动。举办北京CBD国际商务季，通过"线上+线下"多种形式，与时俱进，提高CBD国际知名度；举办CBD咖啡青年节、CBD音乐季等特色品牌活动，提升商圈活力度；吸引更多高端精致餐饮落户，激发"黑珍珠""米其林"品牌效应，更加深化"最具

活力和创新力的国际时尚之城"朝阳时尚标签。三是CBD商圈推进时尚产业"全链条"建设。朝阳区依托北京服装学院—北京侨福芳草地时尚人才实践基地，探索为时尚类企业、设计师工作室等提供多种功能于一体的空间资源，通过优化营商环境，构建时尚产业"全链条"。四是培育品牌，活跃时尚新消费。依托区位和资源优势，朝阳区以北京SKP、国贸商城等地标为主要承载地，大力吸引国际高端品牌、时尚前沿品牌、原创设计品牌等在朝阳区首发新品，鼓励高端品牌旗舰店、概念店、主力店、买手店等在朝阳区建立"首店"。

（2）用好三里屯地区潮流、多元、国际化优势，通过举办三里屯国际周、文化论坛等一系列活动，优化大三里屯商圈业态和品质，打造全市文化消费的示范性窗口。

一是支持商业体错位发展。例如，朝外大街的THE BOX，是20岁上下年轻人的消费热门。朝阳区在梳理存量商业的基础上，引导企业瞄准空白做增量，释放更大的消费空间。二是让艺术为商业带流量。例如，每天晚上亮马河每月都举办不同主题的音乐节，还在水上巴士推出了烛光音乐会。艺术能为商业营造一种浪漫高雅的氛围。朝阳的侨福芳草地、SKP，更是京城首批引入艺术装置的商场。近年来，朝阳提出共建"时尚之城"，先后与北京服装学院、中央音乐学院、中国音乐学院等6家专业院校、院团签约，围绕商场开展时尚秀、音乐节，让商业的含义超出了"购物"，使其成为一次难忘的文艺之旅。三是体育运动也是流量密码。很多市民在亮马河第一次见到了皮划艇、桨板和电动冲浪板，忍不住下水开启自己的"奇幻漂流"。两年来，亮马河周边总客流量增加了13%，重点商业项目销售额增幅超40%。

（三）研究制定促进时尚类零售企业在京发展的区级配套措施

时尚类零售企业的发展离不开上下游产业之间环环相扣、层层推进，各组成部分之间相互联系，互为配套，缺一不可。服务配套包括专业性机构提供投融资服务、信息和大数据服务、科技研发服务、品牌培育服务等，以上配套服务的实施有效推进了时尚产业之间的快速发展。

1.信息和大数据服务

充分发挥朝阳科技创新、设计创意和国际化程度高的多重优势，通过数字化驱动，聚焦时尚产业中的知识密集型环节进行深度提升，整合区内外"产学研用"等多方资源，探索打造以工业互联网平台、人工智能及大数据支持下的行业数据决策平台为核心的时尚产业"数智中心"。通过工业互联网平台将供应链各节点企业有效集成，实现智慧设计、采购、生产、销售、服务。依托行业数据智能决策平台，对消费数据、产品数据等进行分析，并利用相应算法和模型解决对应问题，协助相关企业有效运营决策。

2. 创新研发服务

一是逐步加大区级科技资金投入力度，适时研究制定并出台一批时效性强，精准性高的数字时尚科技创新支持政策。二是充分发挥朝阳区科技创新创业引导基金的作用，支持设立面向时尚消费类企业的投资子基金，不断完善政府引导、市场主导、社会广泛参与的科技资金投入机制。三是紧密衔接市级科技项目分类评价制度，鼓励本区"产学研"单位开展数字技术与时尚产业融合发展的重大原创性、颠覆性、交叉学科创新项目。四是支持建设面向数字文化、数字时尚消费等细分领域的"互联网+"国际技术转移服务平台，加快促进创新链与产业链的深度融合发展。

3. 品牌服务

在网络购物、本地生活服务、视频直播等领域重点培育一批规范化的消费平台类头部企业和直播电商类头部企业，孵化一批"北京网红"品牌，深化与京东、阿里巴巴等跨境电商合作、助力本土时尚品牌顺利出海、降本增效。

4. 首店3.0措施

积极落实北京"首店3.0版措施"，开启首店服务"绿色通道"；围绕"咖啡节""时尚秀""潮市集"等板块开展活动，如2022年开展"潮朝阳·新消费"系列促消费活动近400场；推动免税、退税政策落地，促进境外消费回流，全区离境退税商店超过250家；商圈加速更新迭代加速，位置优异的店铺腾笼换鸟，为品牌首店提供优质的空间和相匹配的客群。

三、朝阳区建设"时尚之城"面临的挑战

在推进"时尚之城"建设的过程中，朝阳区取得了显著的成绩。但仍然存在一些问题和不足，一定程度上影响了朝阳区建设"时尚之城"的步伐。

（一）时尚产业的发展与本土文化的融合还有提升空间

北京市是文化资源富集的国家历史文化名城，北京市正在积极推进全国文化中心建设，积极繁荣文化产业。在国家文化自信战略的指引下，"国风""非遗""京味儿"等传统文化与时尚产业加速融合，文化引领正在成为时尚产业品质提升的关键动力。北京的时尚商业要想获得快速发展，必须紧抓文化繁荣的历史机遇，进一步挖掘好、利用好、发挥好深厚的历史文化资源，培育北京时尚文化的国际影响力，加强时尚文化载体建设，建立健全新时代时尚文化体系。但是朝阳区作为北京的重要城区，虽然拥有丰厚的传统文化资源和现代生活时尚资源，但目前各类文化资源与服装服饰产业的结合还比较薄弱，没有充分转化成为被市场接受、认可并为之买单的时尚产业文化。朝阳区乃至北京市，作为我国首都、世界历史文化名城，在时

尚方面的发展还没有达到应有的地位，在国际著名都市中的时尚排名还偏于落后。

（二）本土品牌的国际影响力有限

时尚潮流，潮起潮落，但纵观整个世界，法国、意大利、丹麦、美国、英国等欧美国家依然引领着全球时尚的潮流，香奈儿、迪奥、路易·威登、古驰、范思哲等品牌仍然是最具竞争力的时尚品牌。过去十年间，美国的GAP、西班牙的ZARA、英国的NEW LOOK等时尚品牌不仅遍布北京、上海、广州、深圳等大城市，还逐步下沉到二、三线城市，以独特的品牌文化和产品定位满足消费者的需求。随着国内时尚产业的不断发展，本土时尚品牌对新创意不懈追求，将国潮文化融入时尚产品中，在国际市场的地位和认知度也在逐渐提高，整体呈现发展态势良好的局面。但由于朝阳区的本土时尚消费品牌大多处于转型升级阶段，产业链不够完善，运营也不够成熟，国际竞争力和国际化经营能力不强，尽管已经出现了一批规模较大的上市企业和在全国有一定知名度的服装服饰品牌，例如，VERONIKA、HLMK等，但整体引领能力仍亟待加强。被全球消费者认可的高端奢侈品品牌完全没有，对时尚消费引领能力还十分有限。比较突出的一点是，目前朝阳区还没有一家世界级的服装服饰企业，没有一个世界级的服装服饰知名品牌。由此，很难引领国际时尚消费。

（三）时尚需求捕捉能力不足

北京的铜牛、红都、雷蒙等品牌虽然在加快时尚创新，强化品牌建设，将国潮文化融入时尚产品之中，但目前企业端的力量还不够强大，大多数消费品牌仍处于转型升级阶段，产业链不够完整，对于不同消费者的需求变化以及全球时尚文化元素的最新发展趋势，嗅觉不够灵敏，创新时尚设计能力与国际领先品牌仍存在较大差距。

（四）自主创新能力有待提升

自主创新能力是时尚产业发展的核心竞争力，国际知名的时尚品牌都有各自不同的特色。CHANEL以时尚精品及配饰、香水彩妆及护肤品、高级珠宝为主要创新方向，N°5的香水瓶还被纽约现代艺术博物馆收藏；ARMANI（阿玛尼）主攻鞋履、手表、包袋、美妆等产品；HERMÈS（爱马仕）注重产品的工艺装饰和细节，不同的时尚品牌创新方向不同。朝阳区虽然拥有较大的消费市场，但是创新能力仍不足。

1.缺乏本土的时尚设计师、时尚倡导者和时尚引领者

自主品牌、自主创新能力不足，多数品牌没有自己的独特风格，已有的时尚品

牌大多相互模仿，真正有创意的设计较少，至今也没有找到特色鲜明、不可替代、能结合自身古典和现代融合的文化背景的风格，无法体现出北京文化的特征，也无法突出北京的消费潮流、消费理念和时尚特色，使整体时尚品牌发展受限。

2.数字时尚产业创新能力不足

我国数字时尚重点集中在数字营销，在制造、设计、供应链、企业管理、虚拟时尚等方面数字化程度有待提升，设计等高附加值环节水平远不如巴黎、伦敦、米兰等城市，世界知名时尚品牌不多，数字时尚产业集群化水平有限，数字产业发展总体质量不高。

3.创新投入不足

国内消费品牌相对国际知名品牌来讲研发投入较少，如国内化妆品企业研发费用占比只有2%，尽管在不断上涨，但与欧莱雅等国际集团3%以上的研发投入占比相比，差距仍然很大。目前，新消费品牌大多依靠爆款单品迅速破圈，其后就面临传统成熟品牌以及后起新锐品牌的两面夹击，同时面临着老用户的流失和新用户增长的乏力。一个爆品在被快速生产的同时，也被以同样的速度甚至更快的速度复制着，因此，新消费品牌想要持续抢占优势，最重要的是要提高研发费用的占比，提升拥有持续研发爆品的能力。尤其，随着入局新消费品牌日益增多，消费者需求被无限挖掘，消费者开始进行理性反思的市场环境下，长远来看，企业单纯依靠营销，轻视产品研发的模式很难持久。

四、朝阳区建设"时尚之城"的启示与建议

时尚产业日益成为国民经济的重要支柱产业、重要的民生产业，得到了国家各级政府的大力支持。进入21世纪，北京市、朝阳区出台和发布了一系列重要的产业规划和政策，支持、引导时尚产业做强、做优、做大，努力将朝阳区建设成为"时尚之城"。

2023年，朝阳区发布了《朝阳区推进时尚之城建设三年行动计划（2023—2025年）》，作出具体部署。根据计划，朝阳区将开展更加丰富的时尚发布与会展活动，创造更加多元的时尚消费场景，传播时尚理念、树立时尚品牌、激发时尚消费，着力打造时尚文化新高地、时尚产业新基地、时尚消费新阵地、时尚生活新领地，全面建设最具活力和创新力的国际时尚之城。力争到2025年底，时尚之城成为朝阳区活力多元包容开放的社会主义文化强区的重要品牌和北京国际消费中心城市建设的重要支撑。

为了更好地推进"时尚之城"建设，建议重点推进以下工作。

（一）开发带有北京特色的时尚产业

朝阳区有着丰富的时尚要素和资源，散落在各个角落，需要将其更好地整合起来。朝阳区已经开始在文化演艺、特色街区、时尚体育、时尚会展、时尚活动等方面着手打造时尚产品，但在资源的挖掘整合和产品的开发设计方面还处于摸索阶段，缺少特色鲜明的标志性产品，难以体现出与其他城市不同的"北京时尚"。因此，要做好以下工作。

1.强化北京特色文化的挖掘

围绕消费者的时尚需求和产业基础，从北京的时尚资源中找出契合城市本身的时尚文化基因的因素，精准定位，根据时尚产业相关产品生产的需要，进行重点设计，打造精品，提升城市时尚气质，将北京的文化优势转化为特色时尚产业优势。

2.开发具有北京气质的文化演艺产品系列

成功的文化演艺可以促进城市文化形象重塑，形成品牌效应，提高城市整体影响力。例如，"印象系列"包括《印象·刘三姐》《印象·丽江》《印象·西湖》《印象·海南岛》等，每一个"印象"都凸显了当地的文化气质和旅游形象，不仅带来了人气和流量，更提升了城市的形象和气质。北京可以借鉴"印象系列"的思路，组建高水平的文创团队，选取时尚文化的典型板块，打造"时尚系列"文化演艺产品。具体运作可以基于原汁原味的自然和文化环境，借助高科技手段，采取全新的文化旅游演艺手法，运用绚丽的灯光打造实景式演出，立体再现北京时尚文化。

3.培育一批平台和龙头企业

继续推进建设一批国际时尚潮流发布平台，打造一批具有全球影响力的数字时尚产业高地。一是加强对具备国际竞争力的时尚企业的支持，通过国际交往、贸易谈判等渠道提升国际影响力，增强龙头带动能力。二是通过财政、税收、金融支持以及领军人才引进等手段，重点打造一批在行业细分领域的时尚企业，加快形成细分行业冠军企业。三是鼓励时尚企业以资本并购的手段持续增加自身从创意研发、供应链到商业模式、社区维护、企业运营等领域的数字化能力，最终形成龙头带动、细分配套支撑的时尚企业发展格局。

4.创新商业模式

重视年轻消费群体所关注的热点趋势，迎合年轻消费者的体验，尤其是伴随互联网成长的"Z世代"，鼓励时尚企业创新商业模式，通过开设虚拟商店、与游戏公司联名、与虚拟模特合作等多种方式扩大影响力，快速推动时尚产业发展。

（二）打造世界级时尚品牌

大力发展多样化的时尚产品品牌，用精致、高雅、丰富的文化内涵提升时尚产业新形象，打造世界领先、市场活跃、特色鲜明、影响力大的国际时尚潮流新领地。

1.壮大时尚设计力量

（1）培养时尚设计人才。依托北京服装学院、中央美术学院等特色高校，加大数字时尚学教材编写力度，开发数字时尚课程体系和数字时尚课程资源，培养优秀的时尚设计人才。

（2）打造设计人才聚集区。发挥北京服装创意设计孵化器等时尚载体的作用，着力引进意大利、韩国等世界各地知名服装设计研发平台，打造设计人才聚集区，培养新秀设计师，并培育引进高端创意人才。

2.注重品牌培育

（1）打造专业展会。在北京时装周的基础上，打造各类国际性和国家级服饰专业展会、峰会及高端论坛，促进产业链各要素和环节对接融通，扩大国产服装的世界影响力。

（2）强化品牌培育。在地区品牌如雷蒙、铜牛等品牌的基础上，鼓励品牌企业从北京特色文化的角度加以塑造和升级，开发高端服饰品牌，并加强宣传推广，扩大相关品牌影响，逐步培养成为区域国际品牌，乃至全球知名品牌。

（3）提升服装质量。联合中国纺织工业联合会检测中心，加强对于服装生产环节的管控，提升服装的整体质量，与其品牌目标相匹配。

（4）规范品牌竞争氛围。政府部门应适当加强对品牌企业的保护，重点扶持部分优秀品牌企业，包括政策、资金、原材料、税收等方面，同时，注意推动区域内各品牌差别定位，满足多元化需求。

3.加强品牌营销

（1）提升品牌营销能力。引导企业选择最适合自身特点的渠道因素，建立有效的营销渠道，实现商品的快速销售。

（2）提升品牌运作能力。品牌传播是品牌建设的重要核心，要充分利用新媒体技术和工具，有效提升品牌的影响力。另外，注意时尚知识产权保护，营造和谐竞争的文化氛围。

（三）提升时尚需求捕捉能力

高度个性化的用户需求是现阶段时尚产业发展的重要基础，相关时尚企业必须提升时尚需求的捕捉能力。

1.构建消费者画像

通过捕捉甄别消费者行为数据，梳理提炼消费喜好与习惯特征，构建消费者动态立体画像，搭建数据基础平台，利用用户ID和用户画像实现用户的需求判断，例如，从年龄层、工作和生活区域、职业和消费状况、喜好的品牌、风格类型、购买渠道、价格和支出、时间和周期、目的和用途、消费观和价值观等方面的大数据分析，赋予社会属性、服装偏好、价值主张标签，提升消费体验感，进行精准化营销，进而降低风险与成本损耗。

2. 借助数字技术推进定制化服务

（1）大数据技术的应用。未来企业可以优化数据收集与分析能力，更进一步使用个性化技术为消费者提供更加量身定制的精品服务，在保证消费者数据安全的情况下，拓展数字化科技的使用范围，实现消费者忠诚度的提升。

（2）人工智能技术的应用。随着人工智能等高科技技术的成熟，时尚产业的高端定制将迎来爆发期。人工智能通过自动化产品标签可以帮助消费者在每个产品属性上分析市场表现，不仅可以了解性能良好的产品，还能了解颜色、印花、袖子、领口等细节属性，帮助品牌率先推出可能成为主流趋势的款式。因此，时尚企业要多与消费者互动体验，通过这一过程反映出的数据能够更精准地指导品牌和企业优化成本，进行设计和管理，生产出更为贴合消费者喜好的产品，提供更加人性化的服务，形成良性循环。目前，全球流量最高的奢侈品电商网站 FARFETCH 已经开始使用人工智能为客户提供体验式服务。如顾客进入商店时自动识别顾客，设置智能数码显示屏让其比较产品规格、颜色、风格和商品组合的特点。这种供给端的变革将促进时尚消费者的意识觉醒，与时尚产品的生产者共同探索 AI 技术与服装制造零售业跨界合作的新模式和技术赋能产业的新场景。

（四）加强时尚技术及产业模式创新

1. 强化时尚技术创新

当前，全球范围内，时尚企业正在加大数字技术的投资，通过技术的创新推进时尚产业的发展。据麦肯锡预测，到 2030 年，时尚公司科技投资将会上升到收入的 3%—5%，数字技术作为时尚产业"第一生产力"角色越发关键，朝阳区要积极探索科技带给时尚产业的影响，依托区内外相关高校强化基础研究，通过科技解决时尚产业的创新发展问题。同时，重视发挥企业在创新中的主体作用，鼓励龙头企业通过科技获得竞争优势。未来企业可以更进一步使用个性化技术为消费者提供更加量身定制的精品服务，优化数据收集与分析能力，在保证消费者数据安全的情况下，拓展数字化科技的使用范围，实现消费者忠诚度的提升。

2. 帮助中小企业提升数字化程度

中小微企业是时尚产业的主力军，扶持中小微企业的数字化转型有利于朝阳区时尚产业的进一步发展。因此，朝阳区要从中小微企业成立之初就开始推进数字化进程，开始形成公司特有的数字组织架构，数字化操作流程和数字人才培训制度。同时，搭建数字化服务和共享平台，给予中小企业商业推广、风险投资、风险管理、资源共享等领域的支持，推动中小企业的数字化转型并逐步成长为中大型企业，增强朝阳区时尚产业的发展活力。

3.推进时尚产业数字化

为了打造"时尚之城"，要聚焦朝阳区城市功能定位和发展战略，以技术渗透与业态融合为引领，促进数字经济与时尚经济产业链、要素链、供应链、价值链和创新链的"五链融合"，构建优势互补、相互成就的产业共同体，打造一个交互链接、降本增效、融合赋能开放的自循环体系。

4.促进创新投入

（1）充分发挥财政资金引导作用，加大对纺织服装产业领域符合条件的科研和产业化项目、智能化改造数字化转型项目、市场开拓项目等的支持力度，引导产业加快转型升级步伐。

（2）鼓励金融机构加大纺织服装企业贷款力度，增加信用贷款和中长期贷款投放。对发展前景和信用记录良好，但资金周转暂时出现困难的企业，到期贷款按照市场化原则给予周转。支持融资担保、出口信用保险等公司加大产品创新力度，为企业及时提供担保增信。支持符合条件的企业上市发债融资。

（3）优化减税降费政策。提高符合条件的纺织服装企业研发费用加计扣除比例，在预缴申报企业所得税时享受研发费用加计扣除政策优惠。

时尚的背后，是城市的气质与品位。朝阳区的"时尚之城"建设将全力打造时尚文化新高地。未来，我们共同期待。

（刘传岩　中咨海外咨询有限公司

陈文晖　北京服装学院时尚研究院）